만화로 보는 좌파의 역사

모두, 좌힘으로!

팬덤북스

À bâbord, toute! Histoire de la gauche en BD by Jean-Yves LE NAOUR and MARKO © Dunod 2021, Malakoff
All rights reserved.
Korean translation copyright © 2022 by FANDOM BOOKS.
이 책의 한국어판 저작권은 독점계약으로 팬덤북스가 소유합니다. 저작권법에 의하여 한국 내에서 보호를 받는 저작물이므로 무단전재 및 복제를 금합니다.

만화로 보는 좌파의 역사

모두 좌현으로!

팬덤북스

등장인물

1. 교황 레오 13세 2. 예수님 3. 토마스 모어 4. 루소 5. 볼테르 6. 생쥐스트 7. 바뵈프 8. 루이 16세 9. 상큄로트 10. 루이 필리프 11. 로베스피에르 12. 마라 13. 올램프 드 구주 14. 미라보 15. 나폴레옹 16. 루이 18세 17. 교황 비오 10세 18. 라파르그 19. 르콩트 장군 20. 교황 그레고리오 16세 21. 앙팡탱 22. 라스파유 23. 라므네 24. 오귀스트 콩트 25. 샤를 10세 26. 빅토르 위고 27. 루이 블랑 28. 알베르 마르탱 29. 르드뤼롤랭 30. 플로콩 31. 라마르틴 32. 아라고 33. 발랑제 34. 카베 35. 푸리에 36. 생시몽 37. 가르니에 파제 38. 뒤퐁 드 뢰르 39. 아돌프 크레미외 40. 아르망 마라스트 41. 고댕 42. 불랑제 43. 되젠 바를랭 44. 드 마크마옹 장군 45. 들레클뤼즈 46. 바쿠닌 47. 강베타 48. 칼 마르크스 49. 루이 나폴레옹 50. 프루동 51. 조르주 외젠 오스만 52. 카베냐크 53. 쿠르베 54. 루이 로셀 55. 라울 리고 56. 티에르 57. 루이즈 미셸 58. 쥘 페리 59. 왈롱 60. 장 알레망 61. 브리앙 62. 엥겔스 63. 코뮈나르(코뮌 지지자들) 64. 쥘 파브르 65. 클레망소 66. 에밀 졸라 67. 쥘 게드 68. 폴 브루스 69. 페르낭 펠루티에 70. 조르주 상드 71. 프랑수아 기조 72. 페탱 장군 73. 장 조레스 74. 노동자들 75. 빅토르 그리퓌엘 76. 에밀 푸제 77. 조르주 이브토 78. 독일 사회주의자들 79. 모리스 드 왈레프 80. 레옹 도데 81. 모라스 82. 라울 발랭 83. 마르셀 상바 84. 푸앵카레 85. 바르뷔스 86. 레옹 주오 87. 트로츠키 88. 레닌 89. 모리스 토레즈 90. 에리오 91. 레옹 블룸 92. 달라디에 93. 히틀러 94. 프랑코 95. 쇼탕 96. 스탈린 97. 레노 98. 드골 99. 앙브루아즈 크루아자 100. 조르주 비도 101. 기 몰레 102. 폴 라마디에 103. 트루먼 104. 즈다노프 105. 콜뤼슈 106. 피에르 망데스 프랑스 107. 미테랑 108. 푸자드 109. 코티 110. 가말 압델 나세르 111. 앤서니 기든 112. 장 폴 사르트르 113. 흐루쇼프 114. 장 페라 115. 뒤클로 116. 로셰 117. 다니엘 콩방디 118. 체 게바라 119. 조르주 마르셰 120. 조르주 세기 121. 가스통 드페르 122. 조르주 퐁피두 123. 알랭 포에르 124. 로베르 파브르 125. 지스카르 데스탱 126. 르네 뒤몽 127. 로카르 128. 알랭 크리빈 129. 라기예르 130. 포니아토프스키 131. 피에르 모루아 132. 파비위스 133. 샤를 피테르망 134. 르 포르 135. 자크 랄리트 136. 마르셀 리구 137. 르 펜 138. 시라크 139. 앙드레 지로 140. 발라뒤르 141. 베레고부아 142. 크레송 143. 즈스팽 144. 로베르 위 145. 올랑드 146. 마뉘엘 발스 147. 아몽 148. 세골렌 루아얄 149. 마크롱 150. 사르코지 151. 멜랑숑 152. 마르셀 카생 153. 하느님 154. 조지 오웰 155. 마리안느

★ 구약성경 출애굽기에 나오는 열 가지 재앙 중 두 번째 재앙으로 급작스런 개구리떼의 출몰이다.

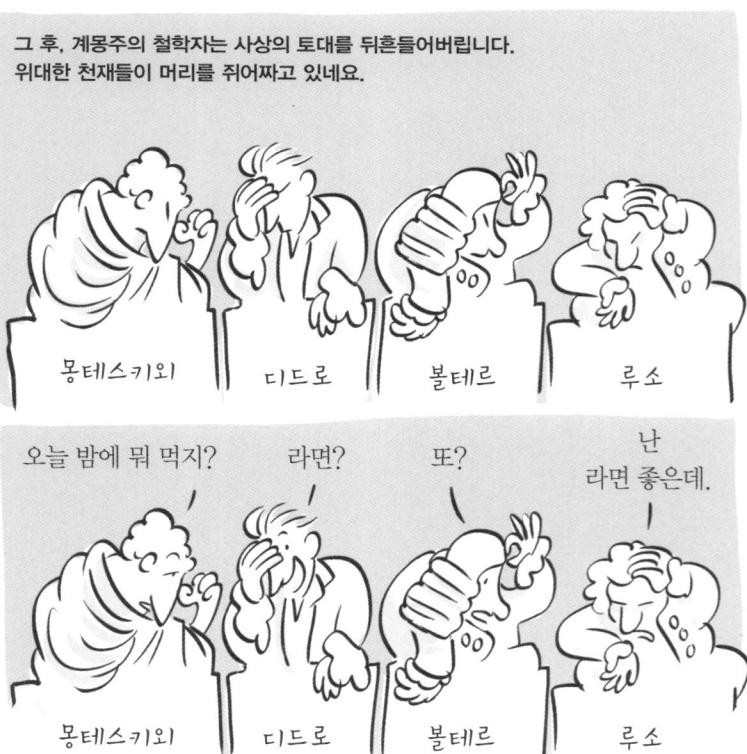

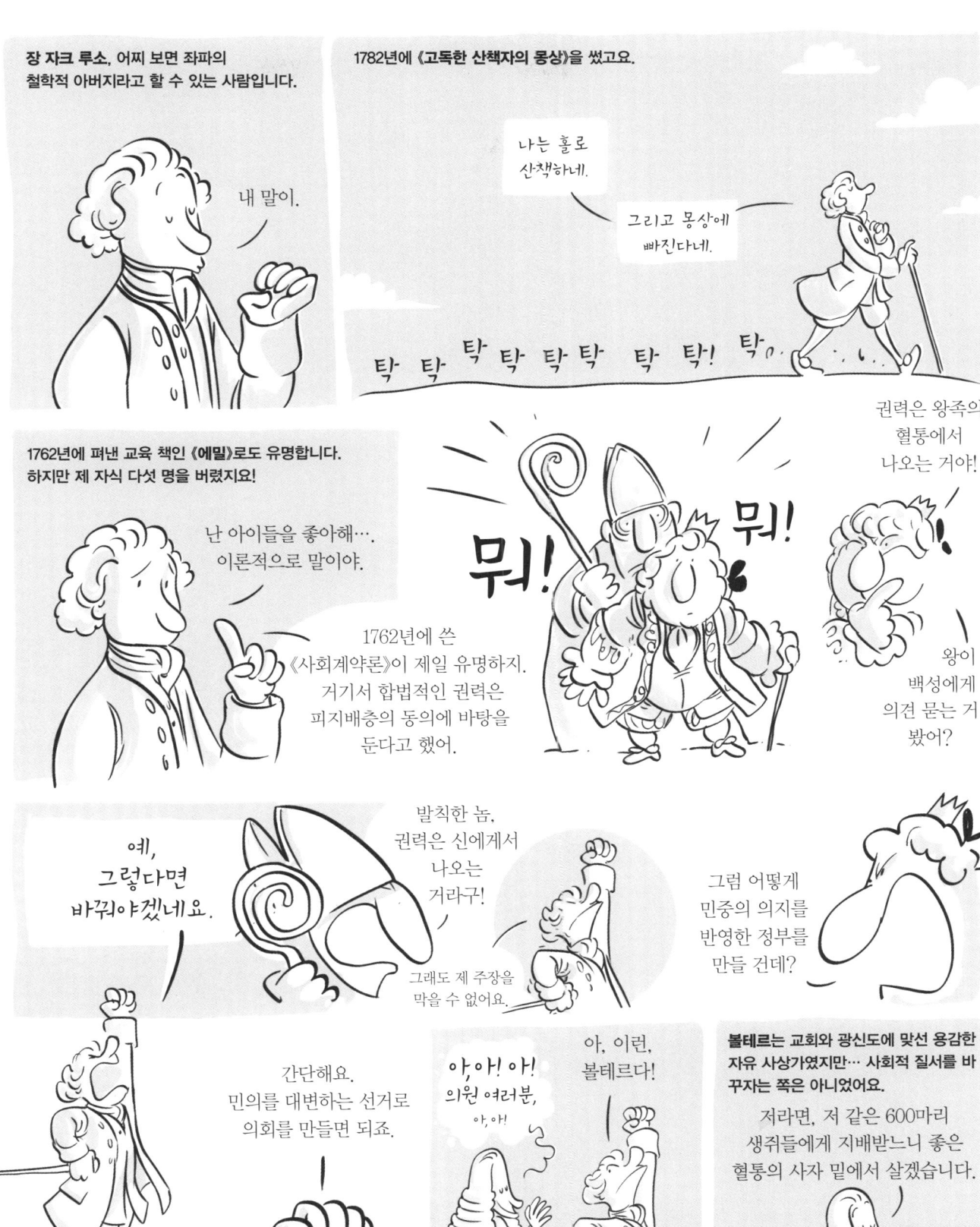

*볼테르가 말했다고 잘못 전해진 문구.

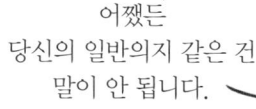

답 : 사유 재산과 유산 상속

루소는 1755년에 쓴 《**인간 불평등의 기원**》으로 최초의 사회주의자로 알려집니다.

처음으로 땅에 울타리를 친 자가 "이 땅은 내 것이다"라고 말한 걸 그대로 믿을 만큼 순진한 사람들이 있었고 그렇게 문명사회의 진정한 시조가 되었답니다.

"범죄가, 전쟁과 살인이, 절망과 공포가 넘치는 곳에서 말뚝을 뽑고 도랑을 메웠으나 인류로 하여금 그 어떤 것도 피하게 할 수 없었던 이가 자신의 동포에게 외쳤습니다…."

"저 사기꾼의 말을 듣지 마세요!"

"과실은 모두의 것이고 땅은 누구의 것도 아닙니다. 그 사실을 잊어버리면 멸망입니다."

저거, 내가 먼저 말했는데…

계몽주의자들은 혁명을 일으킬 이론적 무기를 만들었습니다. 하지만 **혁명**은 사람들 생각처럼 민중에서 시작된 것이 아니라 귀족들에서 시작되었어요!

혁명 전야, 국가의 재정 상태는 매우 심각했습니다.

* 샤를 알렉상드르 드 칼론
1786년의 재무부 장관

** 에티엔느 샤를 드 로메니 드 브리엔 1787년의 재무부 장관

*** 자크 네케르
1788년의 재무부 장관

문제는, 새로운 세금을 만들려면 **귀족, 성직자, 제3신분**, 이 세 신분의 대표가 모두 모인 왕국의 **삼부회**를 열어야 한다는 것입니다.

루이 16세는 두 특권층을 견제하기 위해, 제3신분을 밀어줍니다.

그러자 모든 것이 시작되었습니다.

1789년 6월 17일, 제3신분 의원들은 스스로 **국민의회**를 결성합니다.

6월 20일 : 테니스 코트의 서약

평민 대표들은 "프랑스 헌법을 제정하기 전에는" 해산하지 않을 것을 서약합니다.

★ **라 페루즈 백작**은 루이 16세의 명을 받아 태평양 탐험에 나선 해군 장교이자 탐험가이다. 뉴칼레도니아 근방에서 행방불명되었다가 1826년 잔해가 발견되었다.

의원들은 **자유**와 **평등**의 이름으로 점점 더 많은 일을 벌입니다.

하지만 혁명은 사람들 생각과는 다르게 자기부터 챙기는 부르주아지가 일으켰습니다.

그러다가 **바렌**에서 왕이 도망가려다 잡히면서 모든 것이 바뀌게 됩니다.

온건파 대표들은 절망했습니다.
기껏 **입헌군주제**를 만들었는데 바꾸고 싶지 않았거든요.
그 사람들 입장에선 어떻게든 **혁명**을 막아야했지요.

그렇기 때문에 의원들은…
루이 16세가 납치됐다고 발표합니다!

그런데 급진적인 **자코뱅파**와 혁명 결사대 **코르들리에**들은 더 이상 왕을 원하지 않았어요. 그들은 **공화국**을 부르짖었습니다.

1791년 7월 17일, 국민의회 명령에 따라 **군대**가 시위중인 군중을 향해 발포했습니다.

계엄령의 붉은 깃발을 휘두르는 것 좀 봐! 곱게 안 보내주겠다는 거라구!

그날부터 공화국 시민들의 피처럼 붉은 깃발이 혁명을 일으킨 민중들을 상징하게 됐습니다.

민중은 왕과 결별했고, 이제 민중을 대표하던 부르주아지와도 결별하게 됩니다.

국민의회는 시민을 **능동적 시민**과 **수동적 시민**이라는 두 범주로 나눈 것 때문에 특히 증오의 대상이 되었지요.

오직 세금을 내는 능동적인 시민만 투표권을 가졌습니다.

민중들이 증오하는 **왕**과 **국민의회**의 끝이 좋을 리가 없겠지요.
1792년 8월 10일 사람들은 튀일리궁을 습격했고, 왕정이 무너졌습니다.

국민의회는 해산됐고, **보통 선거**를 치룬 후 **국민공회**가 됩니다.

상퀼로트는 아예 국민공회보다 훨씬 더 좌파적인 민중의회로 **파리코뮌 평의회**를 만들어 버립니다.

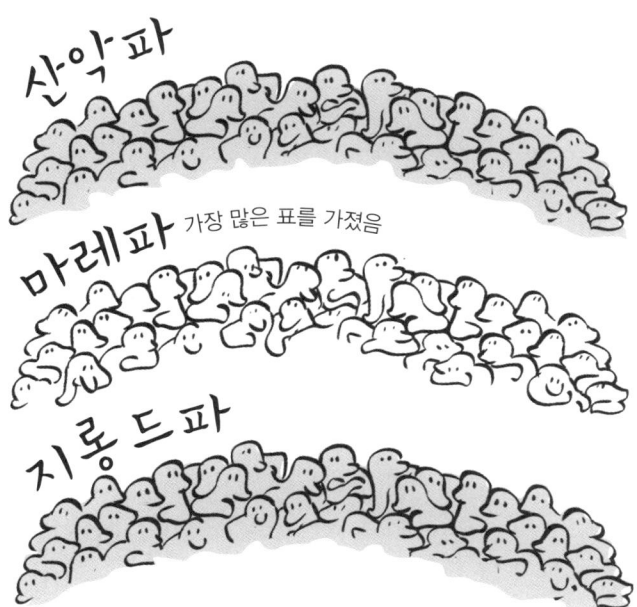

★ 프랑스 국가가 된 〈라 마르세예즈〉의 첫 소절

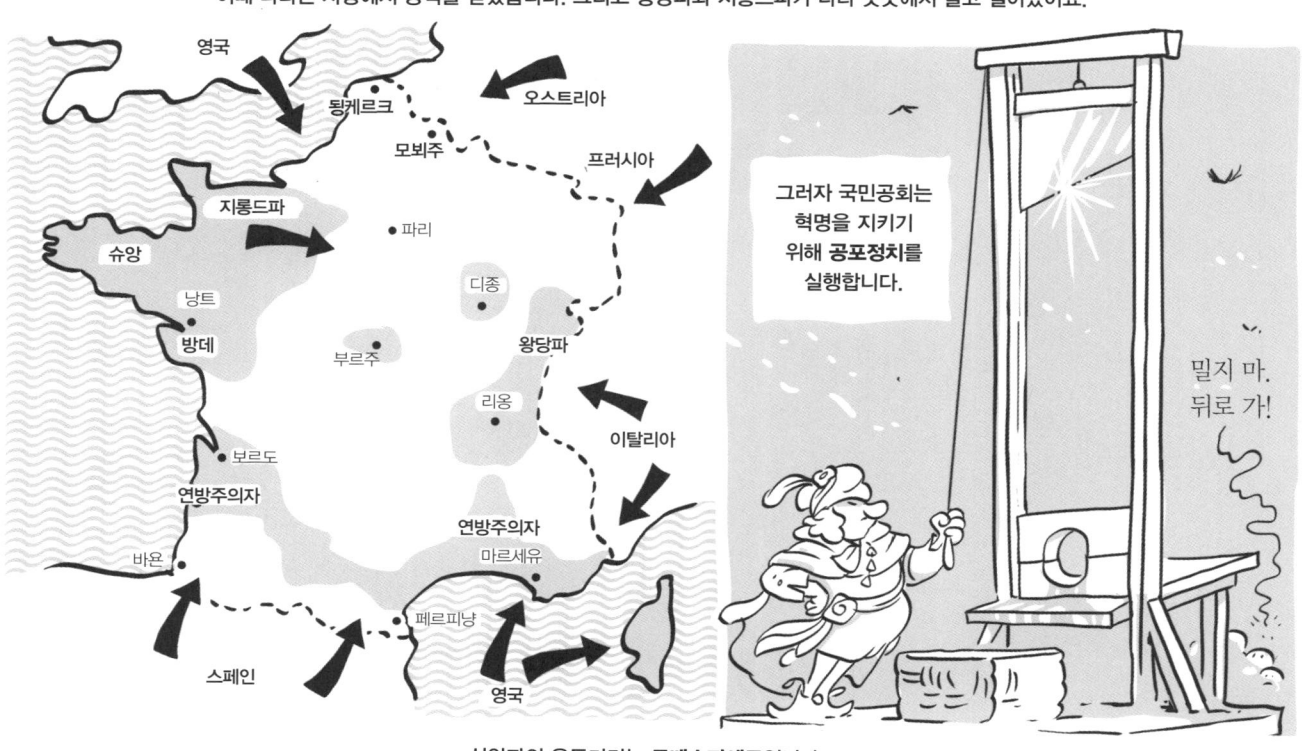

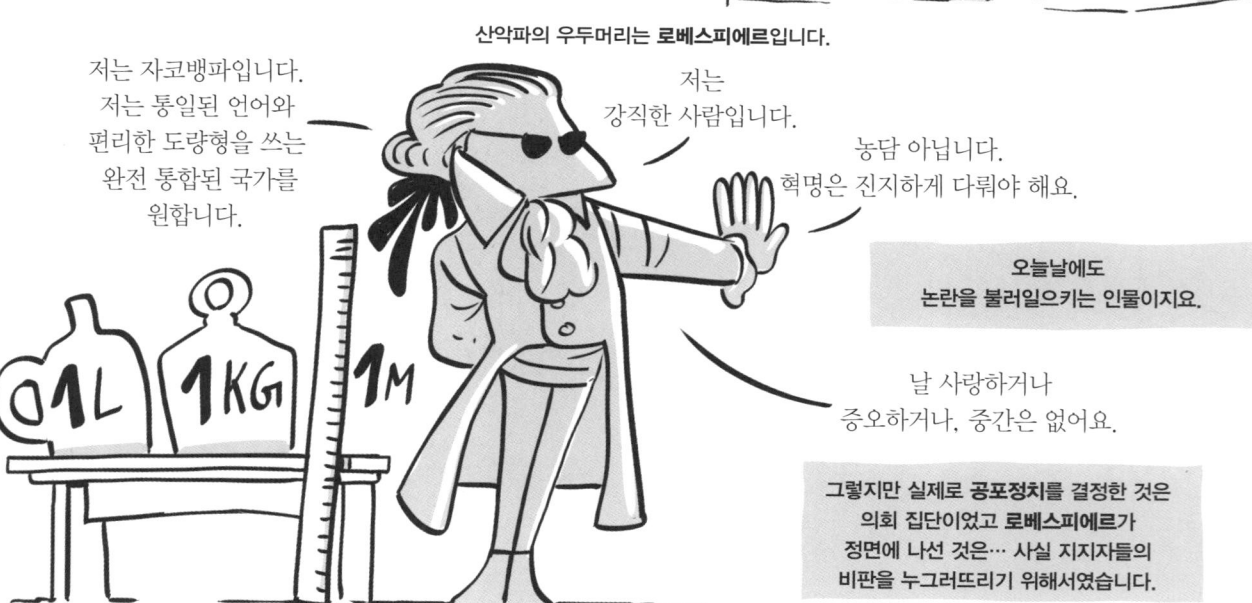

먼저 노예제를 폐지합니다!

어이! 이봐! 그러면 우리 사탕수수 밭은 누가 갈아?

꽝!

또 인민의 아편인 도박을 없앱니다.

짹강!

어이! 이봐! 도박중독자들은 어쩌라고?

그리고 왕정의 상징인 국왕을 사형시키는 데 찬성합니다. 카페 왕조*가 죽어야만 공화국이 살 수 있으니까요.

꽉!!

라 페루즈 백작의 소식은 없나?

촥!

입! 입! 입!

그리고 교회와 가톨릭 신앙을 **최고 존재에 대한 숭배**로 바꿔서 완성시켰습니다.

나 불렀어?

짹 짹짹 쓱

아니요, 예수님. 최고 존재는 철학자의 신 같은 존재예요. 자연 법칙을 만든 건축가요. 우리 혁명가들이 새로운 세상에서 새로운 인간상을 세우기 위해 믿고 따를 종교죠.

그냥 나 따라하는 거네. 바보 아냐?

짹짹!
짹짹!

그리고 님 생일로 시작하는 달력도 그만 쓰려고요.

엥!

이제부터 공화국이 시작된 해가 기원 1년이 될 것입니다!

물론 이런 일들로 모두를 만족시킬 수는 없지요.

이름이 어떻게 되시나요?

'드 생사이어' 입니다.

우리는 '드'를 폐지했습니다. 너무 귀족적이라서요.

어? 그러면 '생사이어'입니다.

더 이상 성자가 없으니 '생'도 없어요.

음… 그러면 '사이어'네요.

영주에 대한 존칭인 '사이어'도 없습니다.

음…

★ 프랑스 왕조의 이름

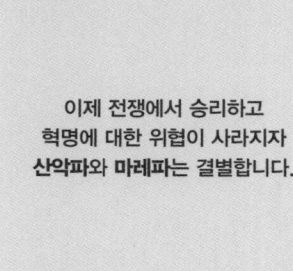

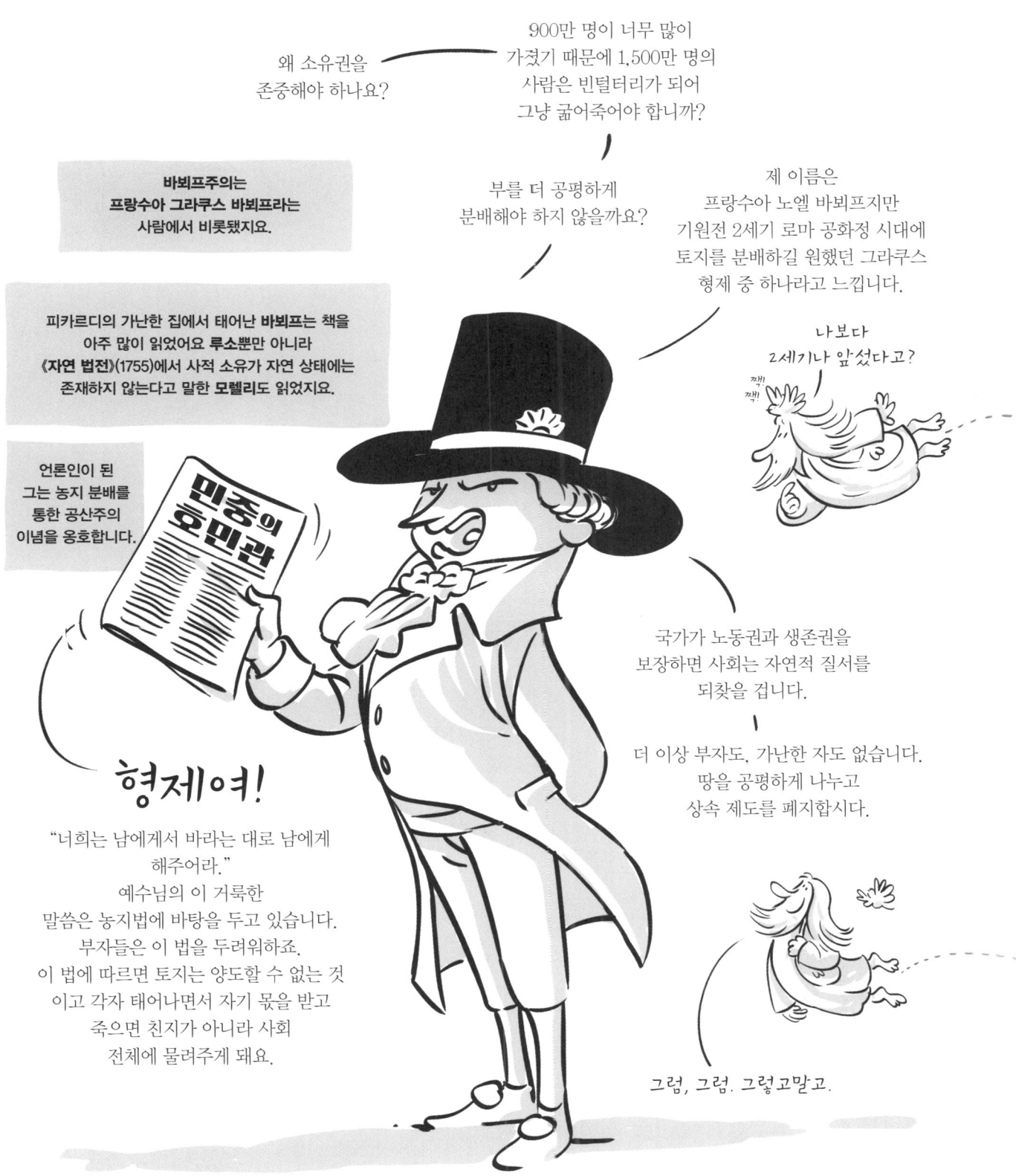

산업사회를 경험하지 못한 **바뵈프**는 농업시대의 공산주의를 주장했지요. 그래서 토지를 분배하는 일만 생각했지만… 그래도 중요한 유산을 남깁니다.

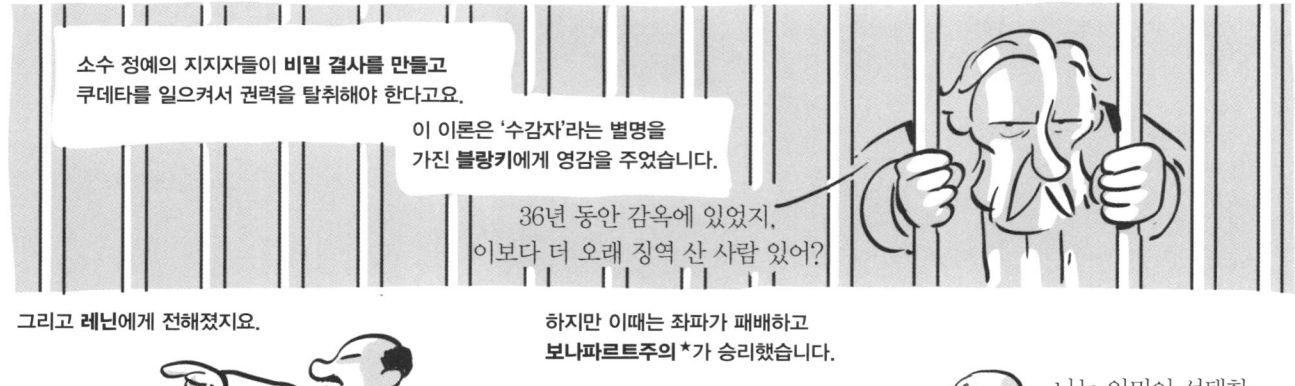

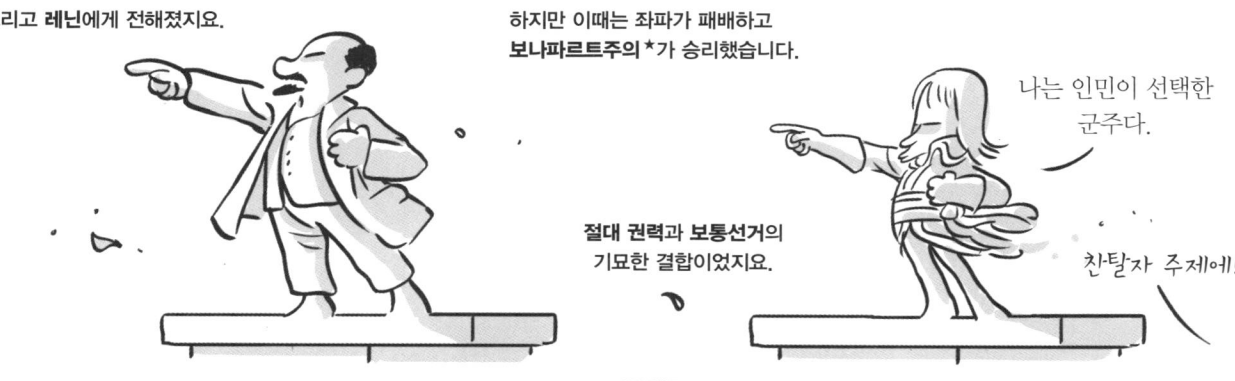

★ 나폴레옹 1세부터 시작된 통치 사상으로 강력하고 유능한 군주의 통치를 이상으로 여겼다.

그리고 **루이 18세**를 왕으로 하는 왕정복고가 일어났고 루이 18세는 혁명으로 바꾼 것을 예전처럼 되돌릴 수 없다는 걸 잘 알고 있었어요.

포기하면 편해.

1815~1824

그 다음 **샤를 10세**가 뒤를 이었습니다.
그는 절대왕정으로 돌아갈 수 있다고 믿었죠.

짐은 어떤 교훈도 얻지 못했고, 어떤 원한도 잊지 않았노라.

1824~1830

재산가만 선거할 수 있도록 제한했고

모욕 행위를 하는 자는 불경죄로 사형하고

언론 검열을 강화했습니다.

혁명 때문에 외국으로 도망쳤던 귀족들에게 10억의 배상금을 지급하고

물론 혁명 이후 주도적인 세력이었던 부르주아지는 앙시앵레짐(구체제)으로 돌아가는 것이 싫었습니다.
결국 민중의 도움을 받아 샤를 10세를 몰아냈죠.

1830년 7월혁명

바리케이드의 혁명가들은 왕을 원하지 않았습니다.

공화국 만세!
황제 만세!
아 젠장, 하나로 통일합시다.

아돌프 티에르가 이끄는 자유주의자 의원들은 공화주의자들에서 승리를 훔치고 새로운 왕을 끌어들입니다. 1789년 혁명의 정신을 인정한 왕이었지요.

아시죠? 혁명이란 게 언제 시작하는지는 알지만 언제 끝나는지 알 수가 없어요.

그래서 **루이 필리프**가 왕좌에 오릅니다.
그는 프랑스의 왕이 아니라 **프랑스인의 왕**이라고 불리게 됩니다.

나는 인민의 주권을 존중할 것입니다, 약속해요.

7월왕정(1830~1848)
하에서 좌파는 두 개의 새로운 동력을 얻어 다시 태어나게 됩니다.
바로 **산업혁명**과 **사회주의 철학**이지요.

제조업이 발전하자 가격이 내려가게 됩니다.

기계화 덕분으로 더 짧은 시간 안에 더 많은 것을 생산할 수 있지. 그걸 생산성 향상이라고 해.

가족이나 노동자 몇 명을 고용해 운영하던 소규모 **수공업자들**이 하나둘 파산하게 됩니다.

처음엔 좀 더 일하는 것으로 어떻게든 버텼어… 하지만 24시간 내내 일을 할 수는 없거든!

흥, 그런 일이 가능하다고 쳐도 어차피 그 상품은 내 것보다 비쌀 텐데.

처음에는 **수공업자들**과 **노동자들**이 폭력으로 대응했습니다. 경제적이고 사회적인 이런 변화가 되돌릴 수 없는 것이라는 사실을 이해하지 못했지요.

이걸 러다이트 운동이라고 불러요.

이 운동은 산업화가 먼저 이루어진 영국에서 시작되었습니다.

프랑스에서 소규모 독립 생산자들이 가장 크게 저항한 곳은 **리옹**이었습니다.

라크루아루스 산에 가족 단위로 비단 직조를 하던 수천 명의 견직물공인 카뉘들이 모였습니다.

1831년 11월, 더 이상 생산 소득으로 생활이 불가능해졌기 때문에 그들은 폭동을 일으켰고 도시를 점거했습니다.

일하며 살거나 아니면 싸우다 죽으리라

군대가 시위를 진압했습니다.

카뉘들의 반란은 산업시대의 첫 번째 사회적 봉기였습니다.

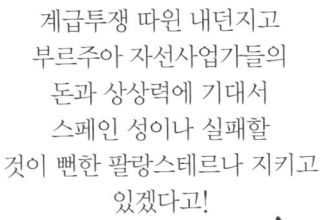

펠리시테 드 라므네(1782~1854)는 좌파 가톨릭의 아버지입니다.

초반에는 **극렬한 왕당파**였지요.

모두 머리를 조아려라!
신의 이름으로 그리고 왕의 이름으로!

점점 민주적인 교회에 대해 관심을 보이더니 결국 1832년 3월 그레고리 16세와의 면담에서 교회와 국가의 분리를 제안하게 됩니다.

국가의 문제는 국가에, 교회의 문제는 교회에

하지만 그건 1905년의 법령에나 나올 거야, 이 썩을 놈아.

1834년에 그는 굉장한 반향을 일으킨 책을 출간합니다.

저는 복음서의 가르침대로 사회적 억압에 희생된 사람들을 포용하자고 교회에 제안했지요.

하지만 이런 걸 모두가 좋아할 리가 없었지요…

복음서? 다음에는 뭐라고 지껄이려고?

쩝쩝! 쩝!

공화국의 수장들과 어울리고 블랑키를 만나다가, 라므네는 결국 1840년 감옥에 갇힙니다.

진리가 승리하리라!

《현대의 노예제》, 1839
"… 오늘날 프롤레타리아는 마치 고대 노예들이 주인에게 그랬던 것처럼 자본가들의 노동의 도구에 불과하다. 하지만 현대의 스파르타쿠스가 나타나리라. 기독교인들은 이 해방의 제전에 참여하게 될 것이다. 민중의 대의는 성스런 대의이고, 그것이 승리하리라…"

라므네는 **가톨릭 사회교리**와 라틴 아메리카를 뒤흔든 **해방신학**을 예고합니다… 하지만 우선 **1848년 혁명**을 맞아 좌파의 의원으로 선출됩니다.

1848년 루이 필리프 체제는 새로운 혁명, 이번에는 공화주의자들의 혁명으로 사라집니다.

1846년 이후 프랑스를 강타한 **경제적인 위기**는 불만을 더욱 가중시켰습니다.

근대화라는 기치를 내걸고 출발했지만 **7월왕정**은 곧 보수적으로 변했습니다.

언론은 통제되고 공화주의자들이 모이는 것도 금지되었지만… 공화주의자들은 파티를 열어서 축배를 드는 것으로 거부권을 피해갑니다.

그리고 바로 이 1848년 2월 22일 파티를 금지하자 파리 시민들이 길거리로 나와 바리케이드를 세웁니다.

봉기한 민중들은 붉은 깃발이 새로운 체제의 국기가 되기를 원했지만, 임시정부의 대통령인 **알퐁스 드 라마르틴**이 삼색기를 놔두자고 설득했지요.

23일, 시위를 진압해야 할 군인들이 시위대에 합류합니다.

좌파에게 공화국은 그저 정치 체제가 아니었습니다. 신비한 미스터리였지요. **좌파**와 **공화국**은 **우파**와 **왕정**처럼 뗄 수 없는 한 쌍이었지요.

100,000명의 실업자들이 공공사업 일자리에 고용됩니다. 뭐 별로 쓸모없는 일들이었죠.

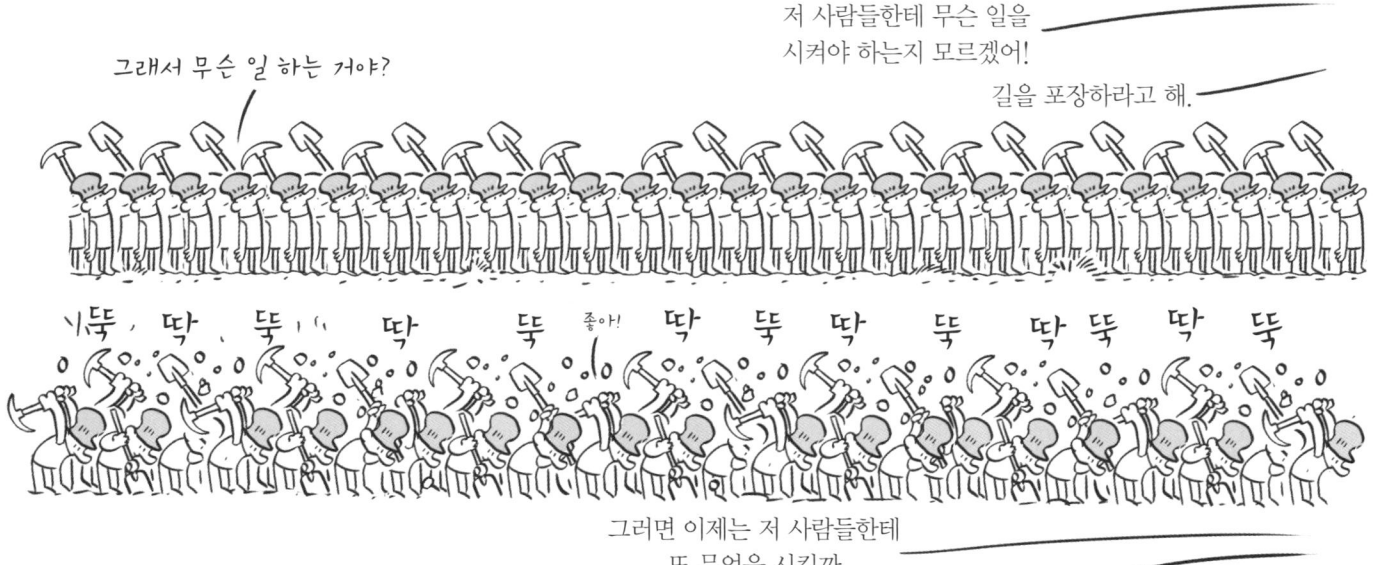

좌파 내부에서의 일체감도 점점 금이 가기 시작합니다. 1848년 2월의 정신은 흩어지고 있었지요.

곳곳에서 **보수주의**가 다시 힘을 얻게 되면서 좌파의 분열은 더욱 심각해졌습니다.

경제 위기로 예산을 갉아먹기 시작하자 **임시정부**는 국고를 다시 채우기 위해 토지 당 매기는 직접세를 45상팀★ 올리겠다고 합니다.

★ 프랑스 화폐의 단위

갑자기 우회전이 일어납니다. 〈노동자를 위한 정부 산하 위원회〉는 폐지되고 **국영사업장**은 6월 21일에 문을 닫습니다.

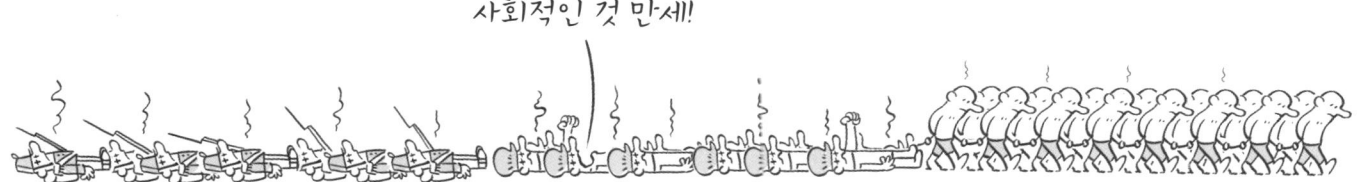

| **6월 22일** 파리 민중들이 바리케이드를 메웁니다. | 사흘 동안 사람들은 파리 거리에서 싸웠습니다. **카베냐크 장군**이 시위대를 진압할 임무를 맡았지요. |

1,500명의 군인과 4,000명의 시위대가 죽었고 11,000명이 체포되어 그 중 수천 명은 알제리로 유배되었습니다.
'공화주의로 단결'이라는 환상은 **사회적 공화국**이라는 꿈과 함께 부서졌습니다.

좌파 안의 무엇인가가 깨졌습니다. 더 이상 **보수주의자**들과 **공화주의자**들 사이에만 전투를 벌이는 게 아니었어요. 앞으로 **공화주의자**들도 **온건파**와 **급진파**로 나뉘게 됩니다.

1849년 5월 13일, 우파가 급부상하게 됩니다.

약 500명의 의원들이 '**질서당**'에 합류했습니다. 왕당파, 보나파르트주의자 그리고 다른 반동주의자가 모였고, 사회민주주의자를 두려워하면서도 공화국에 복수하기를 원했지요.

급진파들은 거의 200명 정도였어요.

즉 **공화국 정치 진영**은 우파나 좌파나 모두 극단적이 되었습니다. 중도에서 **온건파**와 **사회민주주의자**들 사이 타협을 이끌어내려던 공화주의자들은 박살났지요.

그들은 100석밖에 얻지 못했습니다.

이제 이름만 남은 공화국은 **1850년 5월 보통선거권**을 제한합니다.

죄송한데요, 최소 3년 동안 같은 거주지에 머문 사람만 선거권이 있습니다.

일자리 때문에 자주 거처를 옮기던 노동자들과 나라 전체를 떠돌던 직공들에게

이런 제한은 유권자의 삼분의 일을 없애는 것과 같았습니다.

900만 명의 투표자 중 300만 명이 사라지게 됐지요.

1850년 7월, 언론사가 **인지세와 보증금**을 지불하게 하는 법률이 복원됩니다. 돈이 없는 세상의 목소리를 전하는 언론은 사라질 것이고 자본의 지원을 받는 큰 언론사만 계속 발행할 수 있게 됩니다.

하지만… 그러면 좌파의 입에 재갈을 물리는 거잖아요.

아, 별 거 아냐. 뭘 그 정도 가지고…

1848년 12월 10일 대통령 선거에서 **루이 나폴레옹**이 540만 표를 얻어 140만 표를 얻은 **카베냐크** 장군을 이깁니다.

나폴레옹 황제의 조카인 **루이 나폴레옹**은 대중적인 지지와 질서당의 후원을 동시에 누릴 수 있었습니다. 그는 다른 모든 공화주의 후보를 격파했습니다.

온건파인 카베냐크 외에, 민주주의자 **르드뤼롤랭** 그리고 사회민주주의자 **라스파유**는 37만표와 3만 6천표 밖에 얻지 못했습니다. **라마르틴**은 겨우 몇 천 표로 제일 끝에 있었지요.

이 자가 정말 공화주의자라고 생각해요?

우리가 이런 사소한 것 때문에 무너질 순 없지요, 예?

5,400,000표

1,400,000표

370,000표

36,000표

대통령이 된 왕자 루이 나폴레옹은 1851년 12월 2일 쿠데타를 조직해 1852년 **제국**을 복구합니다. 두 번째 제국이지요.

쿠데타가 벌어지는 동안 몇몇 지역의 항거를 제외하면 민중은 움직이지 않았어요…

공화국이 그들을 실망시킨 것입니다!

거기서 비켜!

아야!

퍽!

억! 아야!

하지만 좌파는 교훈을 얻었습니다.

두 번 다시 보통선거로 대통령을 뽑아서는 절대 안 된다는 것이죠. 대중을 선동하는 자가 승리할 수 있고 체제의 권력을 독재로 바꿀 수 있기 때문입니다.

민주주의는 딱 한 사람을 뽑는 일이 아니라 의회의 활동으로 이루어진다는 것을 배웁니다.

체포돼서 머리가 잘리거나 망명을 떠난 좌파는 **제2제국** 동안 기다림 속에서 긴 겨울을 보냅니다.

만일 100명이 남는다면 나는 100번째가 될 것이다. 그리고 오직 하나만 남는다면 나는 그 하나가 될 것이다.

건지 섬

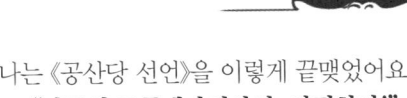

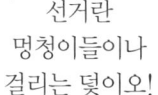

당신이 국가를 반대하는 극단적인 자유주의자라는 건 잘 알았어요. 하지만 노예제는 어떻게 생각하시오? 여성은? 유대인은 어떻게 보시오?

노예제라, 뭐 장점도 있지요…

홀짝!

특히 백인 주인들에게는 그렇겠지!

여성은 수동적이라 가정에 있어야 해요. 여성은 동물이고 생각이 없죠.

이따 보시죠. 각오해 두세요, 흥!

유대인은 인류의 적이에요.

선택받은 민족이 되는 게 쉬운 줄 알아? 차라리 너희처럼 선택받지 않았다면 좋았을걸.

그럼, 자유와 보편성을 저버린 극단적 자유주의자는 버려두고, 전 저를 기다리는 런던으로 가보겠습니다.

빅벤이다!

1864년 9월 28일 유럽 각 나라에서 모인 노동자 대표들이 최초의 '국제노동자협회'를 만듭니다.

'제1인터내셔널'이라고도 부르죠.

칼 마르크스가 결성 선언문을 작성했습니다.

노동 해방은 노동자들 자신이 이룰 겁니다.

하지만 마르크스주의자와 자유주의자 사이의 갈등은 남았습니다. 혁명 중에 국가의 역할 문제지요.

엉, 그런데 여기 노동자가 있어?

에이 없지, 지금 일하고 있지!

프루동은 1865년에 죽은 것으로 알았는데!?

아이고 맙소사, 쟤네는 왜 머리가 다 똑같은데! 세상에!

실례 좀…

바쿠닌
(1814~1876)

모든 국가는 억압하고 지배해요. 노동자 국가라고 다를 게 없죠. 혁명을 해도 새로운 엘리트가 나타나 권력으로 자유와 프롤레타리아를 억압할 테죠. 혁명중일 때도 새로운 엘리트가 생기고 결국엔 권력을 써서 자유와 프롤레타리아에 반박하게 될 거요.

웃기시네! 그럼 대체 어떻게 부르주아지의 소유권을 뺏을 거요? 그 자들이 얌전히 있을 거 같아요? 만약 국가라는 기구를 남겨두고 장악 못하면 혁명은 반드시 실패할 거요. 프롤레타리아 독재라는 전환기는 국가 체제를 폐지하기 전에 꼭 필요합니다.

제1인터내셔널 전체가 마르크스와 바쿠닌 사이의 경쟁으로 거의 마비됐습니다. 이 대결에서 바쿠닌의 자유주의적 사회주의자들이 인터내셔널 의원들 3분의 2 이상을 차지했어요.

그럼, 그럼.

빌어먹을! 나는 영원히 소수파인가!?

아니요, 아직 아무것도 결정된 것이 없습니다. 모든 것이 1870년에서 1871년 사이의 전쟁으로 바뀌게 될 테니까요.

마르코, 여기 그림이 중요해.

아! 상대 기병대도 잊어버리면 안 돼

거기서 큼직하게 나와야 해! 독자에게 바치는 그림이잖아.

언덕 위에 사령관이 흔들리는 프로이센 깃발과 함께 아침 햇살 속에서

최소 50명 정도, 기병대가 칼을 빼 들고 달려오고

그 반대편에는 프로이센인들이 함성을 지르면서 돌격하고 있어

대포알이 날아서 콰앙!

그걸 다 그리라고?

스당의 평원 전체가 대포 공격으로 연기에 휩싸여 있고

그 옆에서 프랑스 국기가 바람에 휘날리고

수천 명의 군인들이 서로 얽혀서

시체들이 찢겨 날아 다니고

★ 로마의 황제였던 카이사르는 서구 황제 개념의 시초이며 그 이름 자체가 황제와 동의어로 쓰였다. '케사리즘'은 황제를 중심으로 이루어지는 전체주의를 뜻한다.

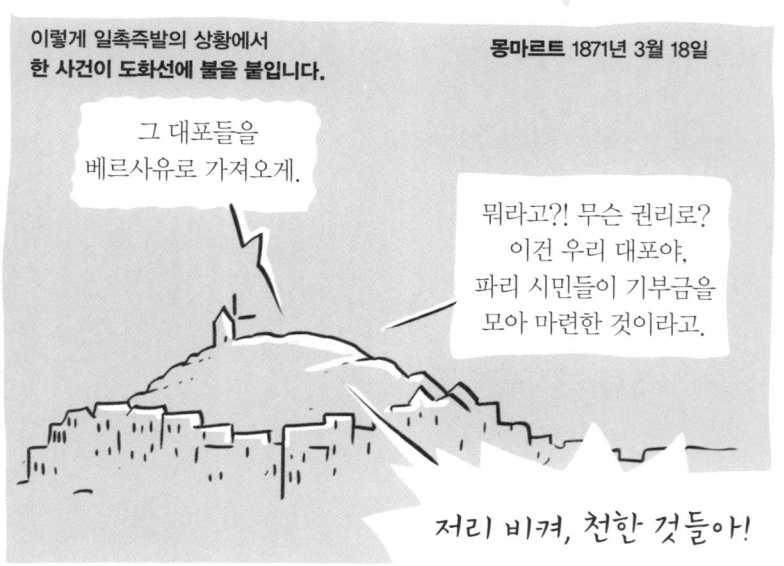

★ 프랑스의 화폐 단위

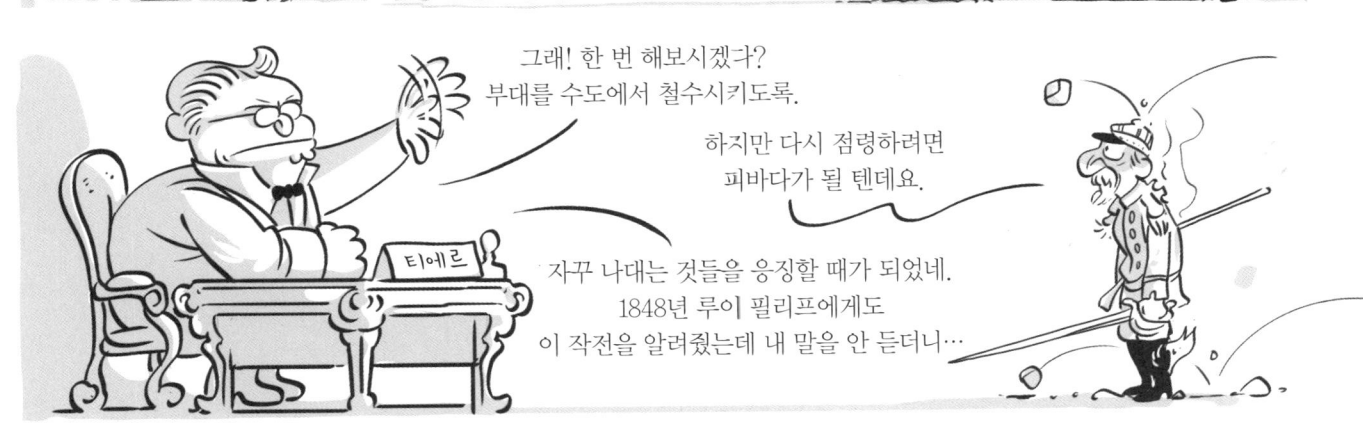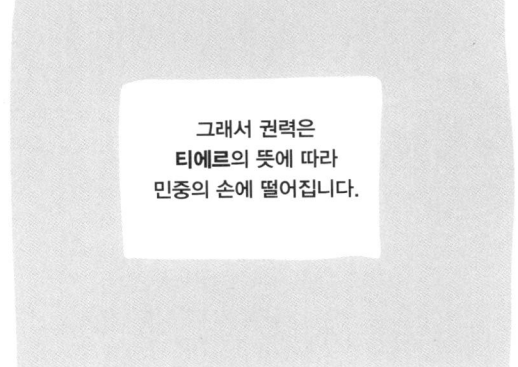

1871년 3월 28일 선거를 마치고 1792년 '파리코뮌평의회'를 따라 코뮌을 선포합니다.

혁명은 밑에서 시작된다는 걸 보여주었죠. 코뮌은 보통선거와 직접 민주주의의 혼합이었습니다.

코뮌의 86명의 의원 중 33명은 노동자였고 14명은 고용인이었습니다. 육체 노동자가 다수를 차지한 의회는 처음 있는 일이고 이후에도 결코 볼 수 없는 사건이지요. 하지만 그렇다고 모두의 견해가 일치한 건 아니었어요… 오히려 그 반대죠.

- 우리는 자코뱅파이며 애국자요! 우린 제1공화국의 정신을 이을 거요.
- 우리는 프루동주의자요! 공권력에 반대하고 노동자의 연대를 지지합니다.
- 우리는 사회주의자요! 우리에겐 집산주의가 필요합니다…
- 하지만 우린 소수파죠.

이런 다양함에다가 공권력에 대한 불신이 덧붙여지고, 수뇌부라고 할 만한 것도 없었습니다. '공안위원회'에서 합의로 결정할 뿐이었죠.

- 당신이 대장인가? / 전혀 아니지요! 대장 따위 필요 없어요!
- 당신은? / 아, 아니요, 아니지, 아니야!
- 오직 장교인 루이 로셀만이 대장이 있었으면 좋겠다고 생각했습니다.
- 끝장 토론으로 결정이 이루어지니… 쉽지 않아요!

샤를 들레쿨뤼즈 자코뱅파
라울 리고 블랑키주의자
외젠 바를랭 혁명적 조합주의자이자 전 프루동주의자
루이 로셀 장교

코뮌은 진정한 프롤레타리아 운동이었지만 마르크스주의 운동은 아니었습니다.

코뮌이 발의한 법안

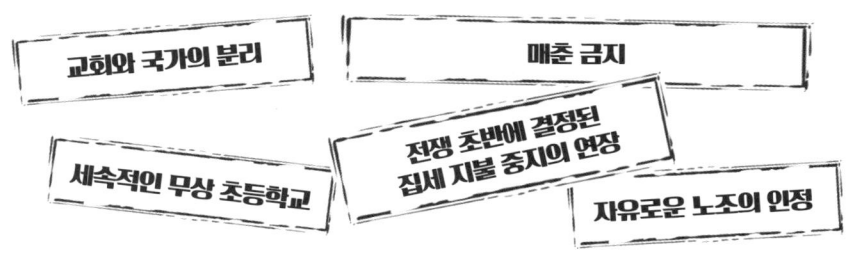

- 교회와 국가의 분리
- 매춘 금지
- 세속적인 무상 초등학교
- 전쟁 초반에 결정된 집세 지불 중지의 연장
- 자유로운 노조의 인정

코뮌은 사적소유권은 건드리지 않았고 프랑스 은행에 저장된 기금을 확실히 보존했어요.

좌파는 훔치지 않아!

하지만 상징적인 대책에선 머뭇거리지 않았습니다.

- 삼색기를 '붉은 깃발'로 교체
- 방돔 광장의 기둥 해체
- 사형제도 철폐
- 공화력으로 회귀

이 기둥은 보나파르트주의의 상징입니다.

구스타브 쿠르베 (1819~1877)

동지들, 더 이상 기둥은 없습니다!

베르사유는 구스타브 쿠르베에게 방돔 기둥을 재건설하는 비용을 부과했지만 그는 한 푼도 내기 전에 죽었습니다.

생클루 관문과 파리 서쪽의 부유한 주택가에서부터 공격이 시작됐습니다. 거긴 바리케이드를 지키는 하층민의 수가 더 적었죠.

드 갈리페 장군
(1830~1909)

돌격앞으로!

전투는 치열했습니다.
하지만 승기는 군대 쪽에 있었습니다.

자비는 없다, 다 죽여 버려!

코뮈나르들은 조금씩 밀려나기 시작했습니다. 전투는 화재도 일으켰어요. 후퇴하는 반란군이 낸 불도 있었죠. 튀일리궁, 오르세 궁전 그리고 파리 시청이 불에 탔습니다.

1871년 5월 28일 마지막 전투가 페르 라셰즈 묘지에서 벌어집니다. 147명의 반란군이 총살당하고 이후에 '**연방원들의 벽**'이라고 불리게 되는 벽 밑의 구덩이에 던져집니다.

이 '**피의 일주일**' 동안 코뮈나르 측 2만 명과 베르사유 군 사망자를 냈습니다.

그리고 1만 명이 구속되었죠.

사법적 불평등, 맞아.

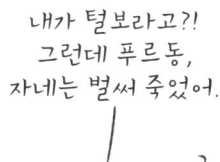

★ 갈리아 또는 골 지역 주민을 뜻하는 프랑스어로 유쾌하지만 걱정적이고 계획적이지 않은 프랑스인의 특성을 강조할 때 사용된다.

왕정복고 시도를 망쳤던 알력다툼의 예를 들면 국기 문제가 있죠. 정통 왕당파는 백기를 원했고 오를레앙파는 청, 백, 적 삼색기를 받아들였어요. 그냥 단순한 상징이 아니죠. 1789년 혁명의 유산을 받아들이느냐 거부하느냐의 문제입니다.

그러니까 제3공화국의 체제를 규정할 헌법은 오를레앙파와 공화주의자들의 타협으로 만든 겁니다. 그래서 애매한 부분이 있어요.

그러나 이런 평형 상태가 오래 지속될 수는 없습니다.

1876년 총선에서 모든 것이 바뀝니다.
공화주의자들이 다수 의석을 가져가지요.

1873년 5월부터 공화국 대통령이던 드 마크마옹 장군은 강경한 정통파였고 공화주의자 정부와 함께 하기를 거부합니다. 그는 하원을 해산해 버리죠. 이제 **공화주의자와 왕당파**의 대결은 선거에서 결정되겠죠. 그 선거로 미래의 체제가 정해지는 거예요.

1877년 10월 선거에서 공화주의자들이 다시 확실한 다수파가 됩니다.

1879년 상원 역시 공화주의자가 차지합니다.
드 마크마옹 장군은 사퇴하네요.

다음 해 의회는 베르사유에서 파리로 돌아옵니다.
7월 14일은 국경일로 선포되고 〈라 마르세예즈〉는 국가가 됩니다.

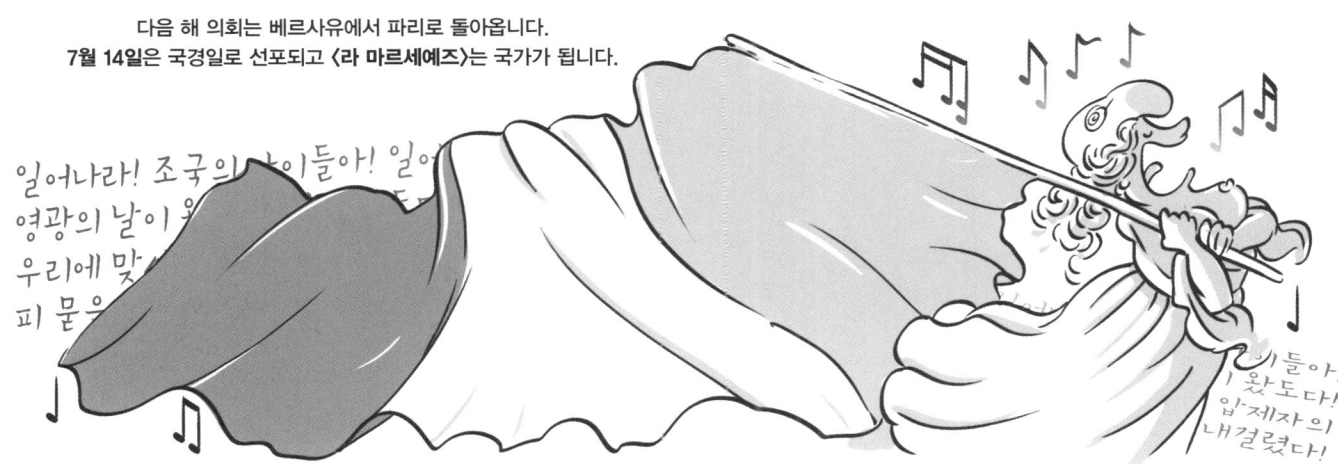

공화국은 승리했습니다. 우파는 패배했습니다.
하지만 권력을 잡은 공화파는 온건파였고 사회적 문제에 대해서는 별로
관심이 없었어요. 그들의 우선순위는 공적 영역의 자유였습니다.

1884년 3월 21일 **노조 결성의 자유**

1881년 7월 29일 **언론의 자유**

1881년 6월 30일
사전에 허가를 받지 않고 집회를 열 자유

1882년 3월 1일*
시장을 지방 의회에서 선출
(이전엔 지역 행정 수장이 지명했음)

*코뮌에 대한 두려움으로 파리는 제외.
이 금지 조항은
1977년까지 남아 있었다.

1901년 7월 1일 **결사의 자유**

독일에서 **비스마르크**가 질병보험(1883), 산재보험(1884), 노후연금(1889)을 제도화한 것과는 다르게 프랑스 공화국에서는 사회적 영역에서 별다른 법제화가 이루어지지 않았습니다.

이 시기, 좌파를 묶어주는 건 '공화주의'란 신앙이죠.

또 다른 위기는 1897년에서 1899년 사이에 벌어진 **드레퓌스 사건**입니다.

마르크스 철학이 인기가 있으니, 이제 일생의 역작에 전념할 때입니다.

20년 작업 끝에 1867년 겨우 《자본론》 1부를 출간했습니다.

"어떻게 상품 가치의 크기를 측정할 수 있을 것인가? 상품에 포함된 가치를 구성하는 실체의 총량, 즉 노동의 총량에 의해서 측정한다. 노동의 양은 노동이 지속된 시간에 의해 측정되고 노동 시간은 다시 시간, 일, 주 등의 정해진 척도를 사용해 측정된다."

마르크스, 1도 모르겠어요!

어휴, 혁명은 하고 싶으면서 자본론을 이해 못해?

이전 자유주의 경제학 이론가들은 잘 모르겠으면 시장의 '보이지 않는 손' 때문이라고 했어요. 하지만 보이지 않는 손은 없어요. 모든 것은 분석 가능합니다.

자본의 본원 축적   산업혁명
　　　　　기계화와 생산성 증가   이윤율의 경향적 저하
자본의 집중   잉여가치론   계속적인 초과생산이 가져온 위기

그것도 무슨 말인지 잘 모르겠어요!

마르크스는 결국 작업을 끝내지 못해요. 마르크스는 1883년 3월 14일에 죽었습니다. 《자본론》은 그의 친구인 **프리드리히 엥겔스**에 의해 완성됩니다.

다행히도 초고를 아주 많이 남겨뒀지.

마르크스는 죽었습니다. 하지만 그의 사상은 온 세상을 지배하게 됩니다.

《공산당 선언》은 1885년에야 프랑스어로 번역됐어요. 하지만 프랑스에서 사회주의 재건은 마르크스 이론을 중심으로 이루어지죠.

마르크스주의를 프랑스에 진짜로 소개한 것은 나, 쥘 게드지요.

1892년에 첫 번째 **노동거래소**★ 대회가 열립니다. 이 대회는 노동거래소 전국연합의 창립으로 이어집니다. 조합운동의 단일화를 향해 전진하는 것이죠.

이 단일한 혁명적 생디칼리슴의 우두머리 역할은 프루동주의와 알레망주의의 영향을 받은 **페르낭 펠루티에**입니다.

1895년 리모주 대회에서 **노동거래소** 전국연합이 **노동총연맹(CGT)**으로 바뀝니다. 직접행동과 총파업을 혁명의 수단으로 쓸 것을 주장했지요.

혁명을 위한 총파업이지만 군대가 개입하면 곤란하니 봉기를 일으키지는 않을 겁니다.

총파업으로 사회주의 권력이나 프롤레타리아 정권을 세우지도 않을 거예요. 어차피 프롤레타리아를 배신하게 될 테니까요. 생산도구를 손에 넣어 노동자 연합을 만드는 것이 목적이죠.

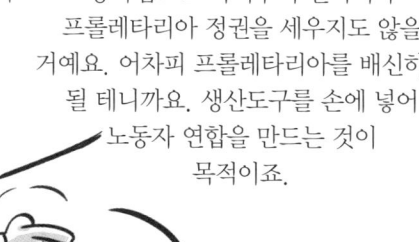

빵집끼리, 제빵사들끼리, 열쇠점과 열쇠공끼리 자유롭게 연대해서 조합을 만들고 계속 그렇게 연대를 키우는 겁니다. 그러면 자본에서 해방된, 한 마디로 자유로운 생산이 이뤄지는 거죠. 밑에서 부터 혁명을 일으키는 거예요. 혁명은 사회적인 것으로 한 곳이 아닌 모든 곳에서 벌어질 겁니다.

프랑스의 생디칼리슴은 자율성이라는 원칙에서 출발해 정당에 대한 거부와 반의회적인 태도로 이루어집니다.

반대로 정당들은 1893년 선거에서 모든 분파의 사회주의자들이 성공을 거두고 하원 50석을 차지하면서 더욱 의회주의에 몰두하게 되죠.

쥘 게드가 루베에서 당선되고, 마르크스주의는 의회에 진출합니다.

사회주의 정당 vs 혁명적 생디칼리슴, 위로부터의 혁명 vs. 밑으로부터의 혁명, 이런 프랑스 사회주의의 분열은 마르크스주의 vs 아나키즘이라는 옛 분열의 반영이죠. 제2인터내셔널의 첫 토론에서 또 나타날 거예요.

1889년 파리에서 사회주의자 인터내셔널이 재결성됩니다.

첫 번째와 다르게 두 번째 인터내셔널은 아나키즘 경향이 훨씬 약했습니다. 인터내셔널은 사회주의 정당 연합과 노동조합의 연합이라는 야심적인 목표를 내세웁니다.

하루 8시간 노동 등을 첫 요구사항으로 정하고 전 세계적인 행동의 날을 선포합니다.

매년 5월 1일

★ **노동거래소**(Bourse du travail)는 조합이 일자리를 알선하기 위해 노동자들의 회합의 장으로 활용되었다. 이 장소와 제도는 이후 노동조합 운동의 중요한 구심점이 된다.

1890년 5월 1일은 별 사고 없이 진행됐지만 1891년 5월 1일에는 푸르미(노르) 학살이 벌어집니다.

사망자 9명과 부상자 35명.

5월 1일, 이 날은 분명 투쟁의 날이었습니다.

그때부터 몇몇 국가는 5월 1일의 혁명적인 성격을 누그러뜨리기 위해 휴일로 정합니다.

그렇게 우리가 노동절을 노동자의 날이라고 이름 붙이면 반항적이고 투쟁적인 성격을 좀 줄일 수 있겠지.

너, 좀 천재인듯…

히!히! 히!히!

프랑스 역사상 가장 반동적인 비시 체제가 1941년에 공식적으로 5월 1일을 유급 휴일로 정해 '사회적 결속을 위한 노동절'이라고 이름 붙인 것은 이런 뜻이 있습니다.

내 체제의 좌우명은 소요, 기근, 감찰이지.

페탱, 주제에서 벗어났잖아, 여기서 당장 나가!

내가 이 만화에 재능기부로 출연해 주겠소.

우린 그런 거 필요없어, 나가!

그러는 동안 제2인터내셔널은 1891년 아나키스트들을 추방합니다. 조직된 사회주의 정당의 국제 협의체가 되려는 것이죠.

하지만 대청소가 실제로 벌어진 것은 런던에서 열린 1896년 대회입니다.

정치적인 행동, 하나의 정당, 국가권력의 장악

직접행동, 노동조합, 노동자의 자율성.

단일성과 효율성의 이름으로 정당은 노동조합을 통제하려고 했지요.

사회주의는 아나키즘과 아무 관련 없소.

흥! 이걸 보라고, 역시 이 인터내셔널은 권위적이고 국가적이고 독일 정신에 의해 지배되는 자유의 적이잖아.

제2인터나셔널은 정당만의 연합이었습니다.

내가 이겼지롱!

사후에 이겼지만.

하지만 프랑스의 사회주의 운동은 둘로 나뉘었어요.

에, 저기… 실례합니다.

★ 나는 생각한다. 고로 존재한다.

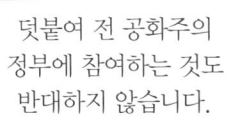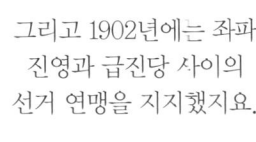

단지 그뿐이 아니었습니다. 클레망소는 노동조합의 대표적인 지도자들을 체포했습니다.

빅토르 그리퓌엘 / 에밀 푸제 / 조르주 이브토

그 후 우리도 성질 좀 죽였어요. 우리도 혁명의 밤이 내일 당장 오지 않는다는 건 알아요. 그래서 노동 조건과 임금 협상이란 당장의 문제로 돌아왔죠.

그러면 전쟁 반대는?

전쟁은 산업가와 자본가, 군국주의자들이 득 보자고 프롤레타리아가 죽는 건데, 그런 끔찍한 일이 벌어지게 놔두지 않죠. 우린 총파업을 할 거예요.

아주 좋습니다!

흥, 정부는 총파업이 시작되면 긴급 체포를 할 인물의 목록을 만들었지. 사람들은 그걸

B 수첩

이라고 부르는데, 노조 지도자, 정치인과 언론인…

… 모두 감옥에!

1910년 이후 조레스는 전쟁이 다가오는 걸 느끼고 그걸 막기 위해 최선을 다했어요.

— 이럴 수가!

하나, 둘, 하나, 둘, 하나, 둘, 하나, 둘, 하나, 둘, 하나, 둘, 하나, 둘, 하나, 둘, 하나, 둘.

알자스와 로렌 지방을 되찾아야 해!

프랑스 국가주의와 드룰레드 때문에 다 망하게 생겼네.

1910년 코펜하겐에서 열린 인터내셔널 총회

동지들, 전 분쟁이 일어나면 의무적으로 중재 시도를 할 것, 전쟁예산에 찬성하지 말 것, 그래도 전쟁을 벌이려 하면 국제적인 총파업을 조직할 것을 제안합니다.

하지만 유럽에서 가장 큰 사회주의 정당을 대표하는 **독일 사회주의자들은 동의하지 않습니다.**
1912년 바젤에서 열린 총회에서 장 조레스는 다시 한 번, 전쟁이 발발하면 총파업을 할 것을 결의하자고 제안합니다.

"Vivos voco (살아 있는 자들에게 호소합니다) : 저는 살아 있는 자들에게 지평선에 나타난 괴물에 대항해 싸울 것을 호소합니다."★

"Mortos Plango (죽은 자들을 애도합니다) : 저기 동쪽을 향해 쓰러진 무수한 죽음이 악취로 우리를 질책할 때 애도의 눈물을 흘립니다.

"Fulgura Frango (저는 번개를 물리칩니다) : 구름 사이로 위협하듯 드러난 전쟁이란 날벼락을 깨부술 것입니다.

★ 프리드리히 실러의 《종의 노래》에 나오는 구절들이다.

제1차 세계대전은 좌파의 트라우마입니다.

독일만이 아니라 프랑스의 모든 의원들이 **전쟁예산** 편성에 찬성표를 던졌을 뿐 아니라…

인터내셔널은 침몰합니다.

인터내셔널이 인류의 미래가 되지는 못하겠네요.

좌파는 애국주의란 덫에 걸려 참전을 촉구할 수밖에 없었고… 국제주의를 부정하게 되었죠. 국가주의가 승리하는 걸 지켜봐야 했고요. 우파와는 다르다는 것을 보여주려 했지만, 별로 눈에 띄지 않았어요.

독일 망해라!

아니, 그게 말이죠, 군국주의와 제국주의 망해라, 이렇게 말하는 것이 좋아요!

 우파

 좌파

내가 '신성한 단결'이란 구호를 만들었는데, 사회주의자들을 박살내는 멋진 무기죠. 그 자들이 딴 소리를 할 때마다 '신성한 단결'을 깬다고 비난하면 돼요.

레몽 푸앵카레
공화국 대통령 (1913~1920)

프랑스 사회주의자들은 국가수호를 위해 나섰어요. 1914년 두 명의 사회주의자가 장관으로 정부에 참여한 걸 보면 알 수 있죠. 마르셀 상바와 쥘 게드요.

아싸! 아싸! 아싸! 이런 배신자! 파닥 파닥!

잘 보면 좌파는 체념과 희망으로 나뉩니다.

프랑스의 승리가 사회주의의 승리가 될 겁니다. 내일이 오면 제국주의는 권좌에서 물러나 사라질 겁니다. 다른 형제 공화국이 나타나 유럽연합을 결성하겠죠.

앙리 바르뷔스
(1873~1935)

우린 독일 안까지 쳐들어가 결정적으로 전쟁을 끝장낼 겁니다. 마지막 끝이요. 우린 인류와 민중의 권리를 위해 싸워요. 조레스가 우릴 지켜줄 거예요.

그건 진짜 아니지! 날 좀 내버려 둬!
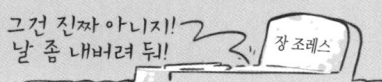 장 조레스

CGT 내에서도 같은 방식으로 사람들이 결집합니다.

처음으로 우리가 무시당하지 않고 노동조합이 여러 위원회에 참가하게 되었습니다. 1917년 우리는 무기 공장에서 직원 측 대표를 선출하기까지 했죠.

레옹 주오
CGT의 사무총장

사회의 평화가 보장되어야죠.

저에게 이건 겨우 시작에 불과합니다. 평화가 돌아온 다음에도 자본과 노동 사이 공동 경영을 계속하고 심화시켜야 합니다.

평화가 돌아오자마자 자유로운 경영으로 돌아올 것이고 만족스럽지 않을 때마다 CGT를 때려잡으려 할 것입니다. 전쟁은 그저 잠시의 휴지기에 불과합니다!

하지만 전쟁은 계속됩니다. 좀 더 좋은 세상을 건설하려는 희망은 참호의 진흙처럼 조금씩 무너져 내립니다.

SFIO 내에 그리고 CGT 내에도 국제주의 이념에 충실했던 소수의 평화주의자들이 분명 존재했습니다.

같은 시기에 사회주의 인터내셔널을 재건하려는 시도가 있었죠. 1915년 9월 스위스 짐머발트에서 첫 번째 인터내셔널 총회가 열렸지만 몇 명 안 됐어요.

1916년 4월 스위스 키엔탈에서 두 번째 대회가 열리지만 별 성과는 없었죠.

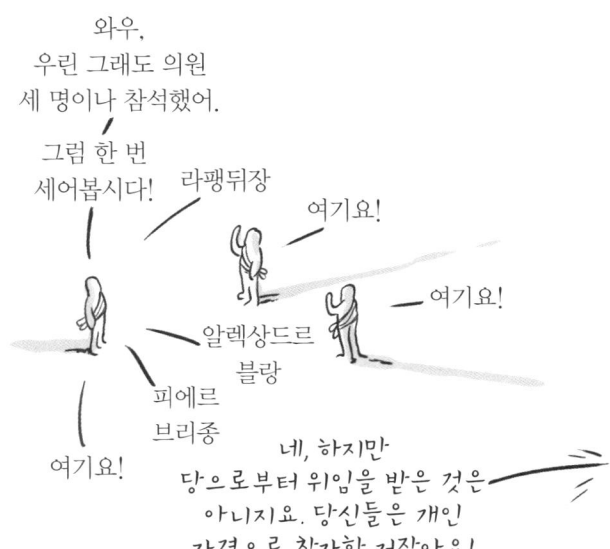

그런데 1917년 슈맹데담 공세가 실패하고 전선에서 항명 사건이 벌어진 후에 낙담한 분위기 속에서 SFIO는 스톡홀름 회의에 참가하겠다고 발표합니다.

당은 심각하게 분열되었고, 지금 소수파가 곧 다수파가 될 것처럼 보였고… SFIO로선 분열을 막으려면 뭔가 해야 했습니다.

1917년 9월

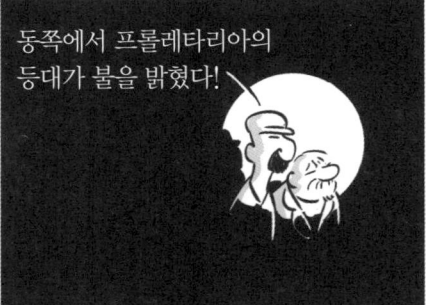

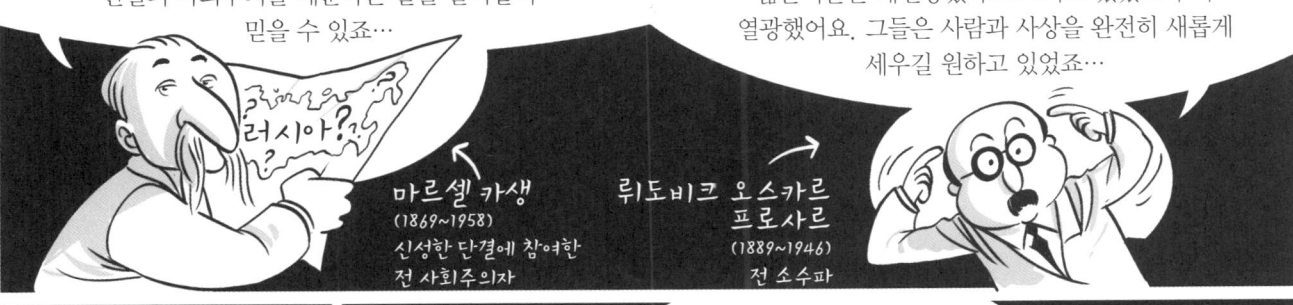

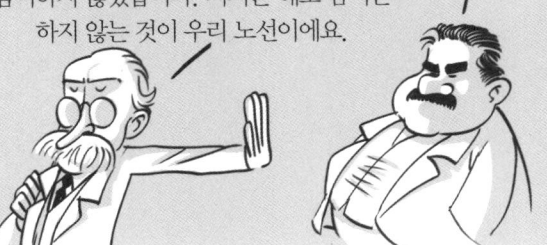

하지만 1934년 2월에 상황이 갑자기 바뀝니다.

1934년 2월 6일 저녁, '악시옹 프랑세즈', '애국 청년들', '불의 십자가단', '납세자 연맹' 등 극우파의 여러 분파들이 모여 집회를 벌였습니다. 또 우파에서 좌파까지 예전 활동가들이 모두 모여 곧 폭동이 되었죠. 콩코르드 광장은 이름과는 달리 '합의(Concord)'와는 상관없는 곳이 되었고요.

폭동 가담자들은 부르봉 궁을 점령하고 경찰이 결사적으로 저항했습니다.

2월 7일 새벽에 15명의 사상자와 적어도 2천 명의 부상자가 나왔습니다.

독일에서 **히틀러**의 승리와 극우파의 활동에 불안해진 SFIO와 공산당은 1934년 2월 6일을 실패한 쿠데타로 해석합니다.

우리는 극우파가 공화국을 공격하는 것을 두고 보지 않을 것입니다.

우리는 사회주의자들과 CGT의 조합원들에게 2월 12일 파리에서 파시즘의 위협에 대항하는 집회를 소집할 것입니다.

공산당과 CGTU도 역시 그날 집회에 참석할 것입니다.

거리를 개량주의 불한당들에게 넘겨줄 수 없어.

하지만 2월 12일 놀라운 일이 벌어졌습니다.

처음에는 두 시위대의 행렬이 분리되어 있었습니다.

하지만 곧바로 참여자들은 뒤섞이기 시작했지요.

단결! 단결! 단결!

공산주의 활동가들은 더 이상 '계급 대 계급' 전술을 참을 수 없었죠. 파시즘이 그들에게는 사회주의자보다 더 위험하게 보였거든요. 당의 도저히 이해할 수 없는 노선에 반대해서 그들은 좌파의 자 결합을 외칩니다.

단결! 단결! 단결! 단결! 단결! 단결! 단결! 단결! 단결! 단결! 단결!

이봐 동지들, 이성을 찾으세요. 모스크바의 스탈린이 우리 행동을 결정하는 거예요.

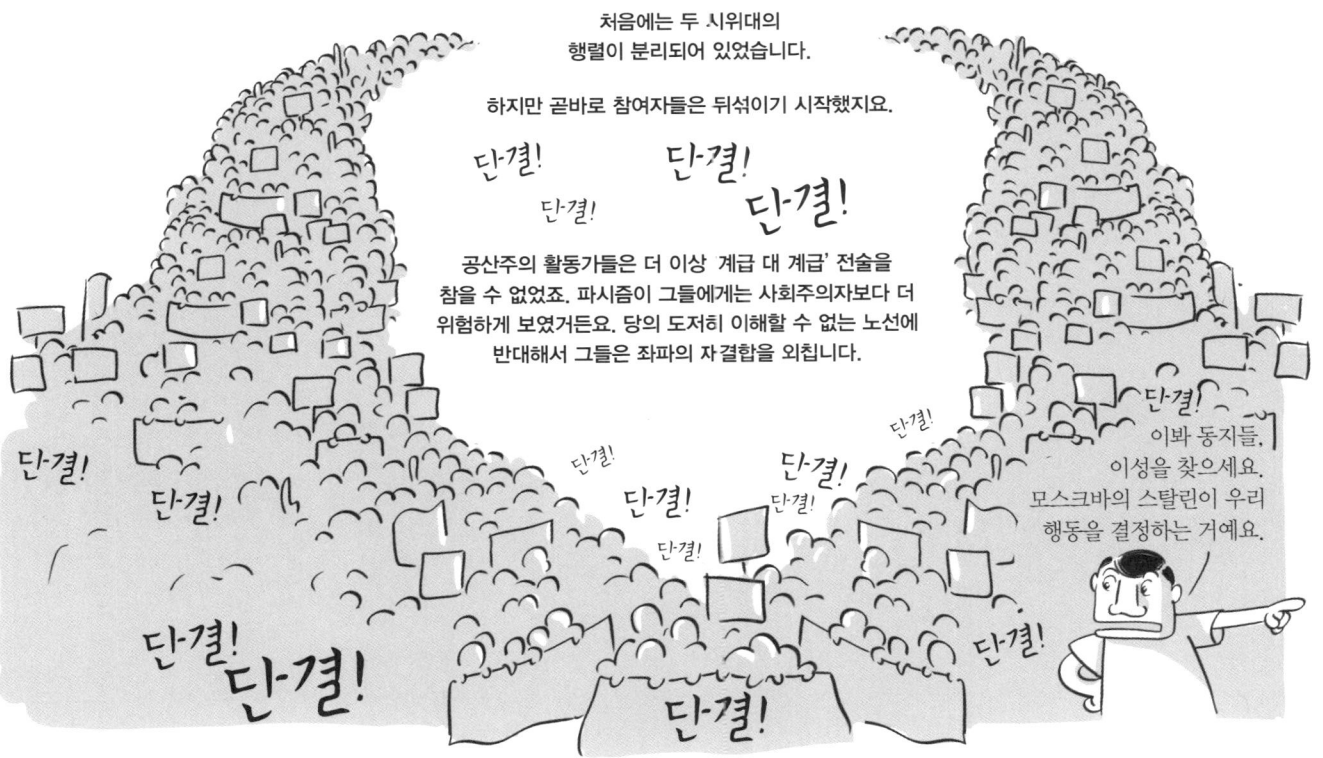

모리스 토레즈는 1931년 젊은 나이로 당의 서기장이 되었습니다. 소련 체제가 만든 작품이었죠. 훌륭한 연설가였지만 별 볼일 없는 사상가로 모스크바의 명령에 충실히 따랐지요.

"패션모델하고 공산당 관료의 차이를 아세요?

"패션모델은 몸매 선을 유지하려고 먹는 데 신경을 쓰죠. 공산당 관료는 먹을 걸 유지하려고 선을 지켜요."

좌파 지지층의 바람에도 불구하고 공산당 지도부는 사회주의자들과 계속 싸우기로 합니다.

"블룸은 파시즘에 맞서 공화국을 지키자고 호소합니다. 하지만 공화국은 이미 파시즘이 아닌가요."
1934년 2월 19일 **폴 바이앙 쿠튀리에**

"공산당은 결코 사회주의자 지도부와 타협하거나 사회적 파시즘 앞에서 후퇴하고 포기하지 않을 겁니다."
모리스 토레즈 1934년 3월 10일

하지만 모스크바의 분위기가 바뀌었습니다. 히틀러가 권력을 얻게 되자, 스탈린은 걱정이 됐어요.

"사회주의의 첫 번째 적이 사회주의자라고 하는 건 이제 그만두어야 하지 않을까."

1934년 7월 27일 파시즘과 전쟁에 맞서 단결된 행동을 하겠다는 협정에 서명을 하고… 선거 연합을 예고합니다.

'계급 대 계급' 전술은 1935년 8월 공산주의 인터내셔널 제7회 대회에서야 공식적으로 사라지지만, 사회당과 공산당 사이의 접촉은 이미 1934년 6월에 시작됩니다.

1934년 11일, 블룸과 토레즈의 첫 번째 만남이 있었습니다.

결국 에두아르 달라디에는 인민전선에 합류하기로 결정합니다. 불황으로 실업자들의 불만과 파시즘에 대한 불안이 늘면서 좌파 세력이 커져가고 있었으니까요. 드디어 인민전선이란 좌파 모든 진영이 참여한 선거연합이 결성됩니다.

예, 그런데 급진당은 어떻게 할까요? 그들이 없이 좌파가 다수를 잡을 수 없어요.

진짜 고민 많이 했어.

우리가 의석수로 제1당이 될 테니, 내가 의회 수장이 되겠지.

에두아르 달라디에
1884~1970

1935년 7월 14일 세 정당은 나란히 바스티유에서 나시옹까지 행진합니다. 50만 명이 거리에 나왔습니다.

1936년 3월에 두 개의 CGT가 통합됩니다.

그래도 반파시즘 전선 전략 또는 '인민전선'이란 걸 공산당 내에서 사상적으로 정당화할 필요가 있었죠.

아, 별거 아녜요. 저도 조국과 군대와 대가족을 수호하고, 가톨릭과 어울리고, 공화국 일원으로 전통을 따르려고요.

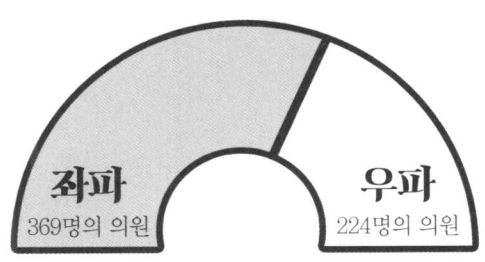

1936년 여름은 프랑스인들에게 굉장히 기쁜 기억으로 남아 있어요.
서민들은 처음 바캉스란 걸 즐겼죠.

우파는 노력하지 않고 놀기만 하는 사회가 되었다고 개탄하며…
전쟁을 앞둔 프랑스를 어렵게 할 거라고 외쳤죠. 그러나 인민전선의 우선순위는 다른 데 있죠. **프랑스의 재무장**이요…

무기 산업의 국유화, 비행 산업에 국가적 투자,
대규모 설비 계획, 1936년 9월 104억 프랑의 예산 의결
(마지노선 건설에 들어간 예산의 3배)… 국방 예산은
사회 복지 예산을 훌쩍 뛰어넘었습니다.

이전 정부는 예산을 줄여 위기에 대항하려 했고… 특히
국방비를 줄였습니다. 1934년에 겨우 3대의 전차를
주문했습니다만 저는 1936년 467대의 전차를
주문했지요. 1934년 80대의 전투기를 주문했고
1936년에는 569대를 주문했습니다!

나치 독일과 파시스트 이탈리아에 대한 두려움으로 인한
이런 전쟁 준비가 모든 사람들에게 환영 받았던 것은 아닙니다.

무장을 위한 예산을 늘리면서 부채가 크게 늘었고 비판이 쏟아졌습니다.

살려주세요,
인민전선은 전쟁입니다!

우파

살려주세요,
인민전선은 파산입니다!

그런데 시작하자마자 반파시즘 전선을 만든 의의가
사라지고 의회 연합은 약화됩니다.

1936년 7월 18일

스페인군이 기업가, 대지주, 교회의 지지 등에 업고
공화국 정부에 반란을 일으켰습니다.

스페인이여
일어나라!

히틀러와 무솔리니는 **프랑코 장군**에게 인력과 자원을 보냈습니다.
영국은 불간섭 원칙을 내걸고 프랑스는 망설입니다.

우리는 스페인 공화국
정부와 군사협정을 맺었습니다,
개입해야 합니다.

우리가 스페인에 파시즘이
들어서게 두고, 프랑스가
파시즘으로 포위당하게 둔다면
우린 대체 뭘 하자는 건가요.

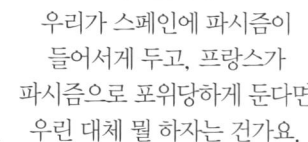

하지만 급진당은
그런 말에
귀를 기울이지
않습니다.

안 돼!

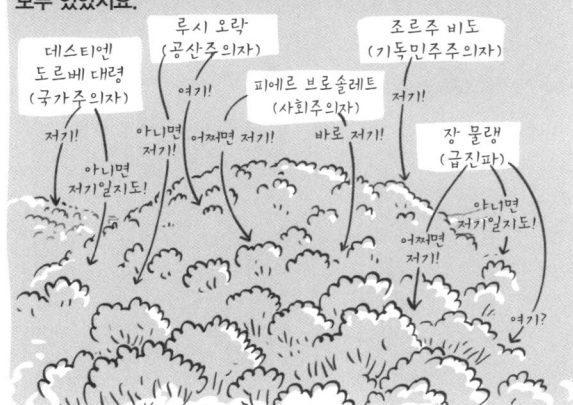

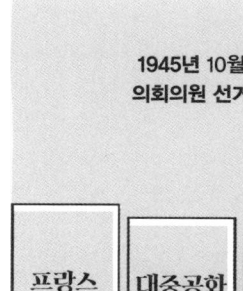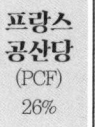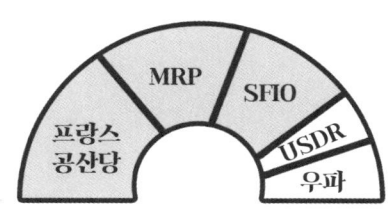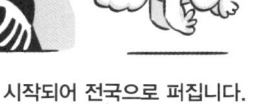

그런데 1947년 국제정세가 갑자기 변해요.
두 강대국 사이에서 냉전이 시작된 거지요.

1947년 3월 트루먼 대통령은 봉쇄 정책을 제안합니다.

이 정책은 공산주의의 확산을 막으려는 것이에요. 그리고 그자들이 우리 발을 밟는다면 우리는 면상을 후려치겠다는 것이기도 하지요.

이런 냉전 속에서는 어느 편을 들지 선택해야 합니다. SFIO는 미국과의 연합과 프랑스 공산당과의 연합 사이에서 선택해야 하는 것이지요.

자유주의

의회 민주주의

마셜플랜의 수 십 억…

더 따져볼 것도 없겠네.

몇 달이 지나 모든 것이 무너집니다.

1947년 7월. 저는 우리 미국 친구들이 보낸 마셜플랜 원조금을 반갑게 받았습니다.

1947년 10월 마셜플랜은 강철 군화를 신은 자본가들이 민중을 짓밟으려는 함정입니다.

그 사이 **1947년 9월** 소련 공산당 중앙위원회 서기인 즈다노프가 '반제국주의' 세력과 '제국주의' 세력 사이의 불가피한 대결에 관한 교리를 주장합니다.

예!

그 와중에 즈다노프는 프랑스 공산당 지도자들에게 경종을 울리지요.

의회에 그만 휘둘리시오! 좀 정신을 차리세요!

(부르르르 토레즈토레즈)

← 안드레이 알렉산드로비치 즈다노프 (1896~1948)

1947년 11월부터 폭동에 가까운 파업들이 온 나라를 휩씁니다. 1948년 10월에는 광부들이 파업을 했습니다. 정부는 군대를 보냈습니다. 장갑차를 보내기까지 했지요.

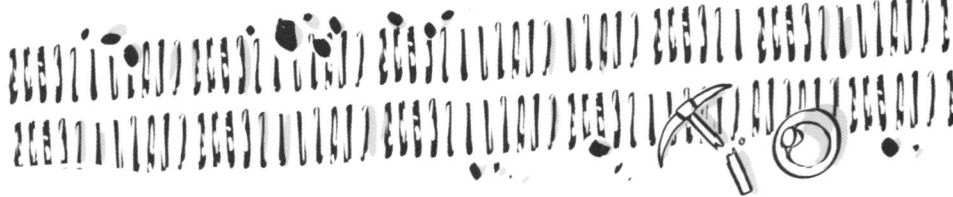

과격한 진압은 몇 백의 실형 선고와 몇 천의 해고와 함께 정권을 가진 사회주의자들과 야당인 공산당 사이의 골을 더 깊게 만듭니다.
1948년 10월의 이 파업 도중에 오랫동안 사랑받을 인기 구호가 탄생합니다.

국가경찰은 친위대!

냉전 때문에 **SFIO**와 **공산당**의 재결합에 대한 희망은 무산됐습니다. 이제부터는 대립뿐입니다.

노동 진영에서도 균열이 일어나 CGT가 분열됩니다. 다수파는 친공산주의로 남았고, 소수파는 'CGT-노동자의 힘'을 결성합니다.

조직의 단일성만 깨진 게 아닙니다. 사회 정책들도 갑자기 멈추게 되었죠.

아무래도 공산주의자들의 정책을 실행할 수는 없지요.

그러다 보니 좌파는 제4공화국 동안 투표에서는 다수를 차지했지만 정권을 잡지 못했죠.

좌파의 지지자들은 실망했습니다. 특히 더 이상 활동가들의 당이 아니라 엘리트들의 정당이 되어버린 SFIO의 지지자들이 실망이 컸지요. 새로운 정책도 없고 다른 중도 정당과 점점 구분하기 어려운 정당이 되어버렸으니까요.

1951년의 선거

프랑스 공산당은 25%를 유지하고 좌파의 제1당으로 남았습니다.

SFIO는 14%로 떨어집니다.

주목할 점은 우파의 놀라운 부활로 21%의 드골주의자들을 포함해 40%를 득표했습니다.

우파는 화려하게 복귀했습니다. 여기에는 몇 가지 원인이 있었지요.

우파는 식민지를 거느리는 제국과 권위를 옹호했으니까요.

우리는 배신당했습니다. 우리 정부는 허약해요. 우리에게는 강력한 지도자가 필요합니다.

- 나 개인의 명성
- 냉전과 공산주의에 대한 두려움
- 불안정한 정부 구성
- 이런 것 때문에 여론은 의회체제의 효율성을 의심하기 시작합니다.
- 식민지 전쟁
- 프랑스가 퇴보하고 있다는 위기감

우파의 표적은 급진파인 **피에르 망데스 프랑스**였습니다. 그는 인도차이나에서 프랑스 철수와 평화 협상을 진행하려던 참이었거든요.

1954년 5월 7일 디엔비엔푸의 전투에서 대패했는데, 철수 외에 다른 방법이 있을지 모르겠군요.

← 피에르 망데스 프랑스 (PMF라고 불렀어요.) (1907~1982)

급진주의자인 제가 좌파의 혁신을 가져왔다는 것이 재미있어요. 공산주의자들은 식민지 문제에 떳떳하기 어렵죠.

제가 가진 개성이 큰 몫을 했어요. 제도권에서 권위가 있던 것도 도움이 되었고, 매주 라디오에서 프랑스인들에게 친근하게 이야기했던 것이 통했죠.

1954년 7월 21일 제네바 합의에 따라 저는 라오스, 캄보디아와 베트남의 독립을 승인합니다. 베트남은 이후 선거*를 거쳐 한 나라로 통일될 때까지 북위 17도선을 따라 북측과 남측의 두 국가로 나뉘게 될 것입니다.

7월 31일 카르타고 연설에서 저는 튀니지의 자치권을 발표했고 독립운동 지도자인 하비브 부르기바를 감옥에서 풀어주었습니다.

*그런데 이 선거는 이루어지지 않을 것입니다. 대신 공산주의자 치하의 북쪽과 이제는 미국의 지지를 받는 남쪽이 계속 전쟁을 치르게 됩니다.

저는 모로코 독립운동가와 협상을 시도했고 제가 퇴임한 후 마침내 1955년 셀 생클루 협정이 맺어지게 됩니다.

하지만 알제리가 1954년 11월 1일 폭동에 휩싸일 때 저는 강력하게 대응했어요. 알제리는 식민지가 아니라 분명히 프랑스 영토의 일부입니다.

알제리는 프랑스입니다!

← 프랑수아 미테랑 (1916~1996)

그렇긴 한데, 진압되긴 했어도 이 폭동이 더 심각한 문제를 감추고 있다는 것은 알죠. 그래서 알제리에 새 총독을 임명해 사회적·경제적·민주적 개혁을 펼치도록 했어요. 알제리 사람들의 불만을 잠재우기 위해서죠.

당연히 절 반대하는 사람이 많죠.

제국을 팔아치운 매국노!

저 녀석한텐 골루아 피가 한 방울도 안 섞였어!

우파 / 피에르 푸자드

저것은 반유대주의 공격이지요.

그는 유럽공동체 방어 계획을 지지하지 않았어요. 용서하지 못할 일이죠.

그는 서독의 재무장을 용인했어요. 절대 용서하지 못할 일입니다.

… 상관없습니다. 제가 좀 인기 있거든요.

저는 제4공화국이 좀 더 안정을 찾을 수 있도록 반드시 제도를 개선하려고 합니다.

저는 대표성이 분산되기 쉬운 정당명부식 비례대표제를 없애고 2차에 걸친 선거구별 다수대표제를 도입할 생각입니다.

퍽!

1956년 10월과 11월 저는 군대를 이집트에 보내 영국과 함께 수에즈 운하를 점령합니다.

프랑스와 영국 자본으로 지어진 수에즈 운하를 국유화한 이집트의 지도자 나세르에게 앙갚음을 하기 위해서지요… 그리고 알제리 독립운동으로 가는 자원과 보급 통로를 막기 위한 것이기도 했습니다.

프랑스는 **나세르를 아랍의 히틀러로 묘사하는 악의적인 선동**도 주저하지 않았죠.

프랑스와 영국의 제국주의자들은 시대가 바뀐 걸 잊었나봅니다.

로버트 앤서니 이든 (1897~1977)

친애하는 이든 선생, 우리 빨리 이집트를 떠나야 할 것 같아요.

몰레는 군사적 개입을 선택해서 알제리를 전쟁으로 몰고 갔고 SFIO의 분열을 초래했습니다.

1957년 5월 저는 알제리 독립 옹호자와 반대자로 당이 둘로 쪼개지는 것을 볼 수 없어서 사퇴했어요.

더 곤란한 문제는 군대가 자율적으로 움직이기 시작했다는 겁니다. **1958년 5월 13일 군대는 공개적으로 공화정 정부에 반기를 듭니다.**

파리에 있는 자들은 다 물러 터졌어. 알제리 국민해방전선(FLN)과 협상하기를 원하지. 이렇게 된 이상 권력을 장악해서 군사독재를 해야겠어.

쿠데타와 내전을 피하기 위해서 모든 사람들이 드골 장군이 다시 권좌에 앉는 것에 합의했어요… 그는 알제리에 대해 언급하는 것을 조심스럽게 피해왔어요…

… 그리고 모호함을 남겨두는 신중함을 가졌어요.

드골이라면 군이 정신을 차리겠지.

드골이 가진 권위라면 알제리가 확실히 프랑스에 남도록 보장할 수 있을 거야.

당신들을 이해합니다!

드골 만세!
드골 만세!
프랑스령 알제리 만세!
프랑스령 알제리 만세!

사람들이 역사의 교훈을 깨닫지 못한다는 건 확실히 알겠군.

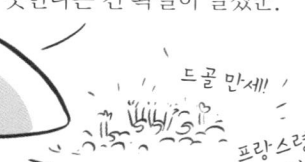

드골 만세!
프랑스령 알제리 만세!
드골 만세!

프랑스 공산당은 곧바로 제5공화국에선 대통령 선거가 결정적이라는 걸 깨달았죠.

자크! 공산주의자 대통령은 불가능해. 어떻게 50%를 넘을 건데.

왈데크 로셰 (1905~1983) ← 프랑스 공산당의 새로운 당수

우리한테 필요한 것은 말이지, 왈데크, 선거에 이길 수 있는 온건한 좌파 후보야… 그런 다음에 입법부에서 좌파 제1당의 지위를 누리면 돼.

자크 뒤클로 (1896~1975) ← 이 사람도 역시… 프랑스 공산당의 새로운 당수!

1965년 누구도 드골 장군의 상대 후보로 나서지 않습니다.

자네가 나가!
아니야, 자네, 자네가 나가게!
그러면 제가 나가죠!

프랑수아 미테랑은 우파 출신이지만 1945년 이후 중도파로 자리를 잡았습니다. 재능과 야심을 가진 사람으로 제4공화국 하에서 11번이나 장관을 했어요. 그는 1958년 드골을 따르는 것을 거부하고 반대파의 일인자가 되려고 합니다.

작은 문제가 있어요.
저는 정당이 없어요.
참모들도 없지요.
돈, 없어요.

하지만 개의치 않고 후보가 되었고 좌파의 유일한 후보로 인정받아 프랑스 공산당의 지지를 얻게 됩니다.

프랑수아 미테랑
현대적인 프랑스를 위한 젊은 대통령

좌파의 단일 후보에게 투표하세요

모든 사람들이 드골이 1차 선거에서 바로 재당선될 것이라고 생각했지만 – 드골 자신도 그렇게 생각해서 선거운동도 거의 하지 않았는데 – 미테랑이 1차 투표에서 31%를 모으고 결선 투표에서 44.8%의 지지를 얻습니다.

좌파는 죽지 않았습니다!

좌파는 이제 공산주의자들이 아니라 미테랑을 중심으로, 새로 결성된 민주사회좌파연합(FGDS)를 중심으로 뭉칩니다. 1967년 의회 선거에서 18%를 득표했지요.

우리는 121명의 의원을 얻었어요. 드골 쪽은 200명밖에 없으니… 조금만 더 노력을 합시다.

바로 그때 좌파 진영과 프랑스를 뒤흔드는 대격변이 일어납니다. 정당과 노동조합 밖에서 아주 새로운 주장을 통해 이루어졌지요.

대학 기숙사가 혼성이 아닌 것은 이상해요. 여자들은 남자 기숙사에 갈 수 있지만 남자들은 여자들 기숙사에 갈 수 없다고요.

1968년 1월 8일 낭테르
체육부 장관 **프랑수아 미조프**가 캠퍼스의 수영장 개관식에 참석합니다.

남녀혼성! 남녀혼성!
예에, 특히 성에 관한 것이요!!

그러면 남녀혼성 대학기숙사는요? 저는 당신이 청년세대에 대해 쓴 책을 읽었는데 600페이지 내내 쓸데없는 소리뿐이었어요. 당신은 젊은이들의 성 문제에 대해서는 언급도 안 하시더군요.

이봐요 젊은이, 수영장에 머리 박고 다이빙이라도 해서 머리 좀 식혀 봐요?

장관에게 조롱 섞인 질문을 던진 이 사회학과 학생은 **다니엘 콩방디**라고 합니다.

1968년 5월 카르티에 라탱의 바리케이드. 젊은 학생들이 봉기를 일으켰습니다.

사람들은 소비사회와 모든 종류의 질서와 권위를 거부하는 급진적이고 혁명적인 젊은이들을 만나게 됩니다.

부모, 선생, 기업가들의 권위…

결혼제도도 일종의 억압이야.

그래 맞아, 하지만 혁명이 승리하면 페미니즘도 존재할 필요가 없다는 거 알지?

아아 그러세요, 그럼 부르주아지로 만든 스테이크와 혁명가로 만든 스테이크 둘 중에서 어느 걸 더 오래 익혀야 하는지 알아? 우린 하녀들이 아니고 당장 평등을 원한다고!

전통적인 정당들은 이 도발적인 젊은이들에게 어떤 영향력도 없었습니다.

SFIO? 우엑! 전부 파시스트들이잖아!

공산당 아저씨들? 전부 스탈린 떨거지야. 혁명가가 아니라 부르주아지들이지.

쟤들 뭐야?

나, 나는 아나키스트야. 금지를 금지한다.

나, 나는 공산주의자야. 여기서 주의할 점, 나는 트로츠키주의자지 스탈린주의자가 아니라고.

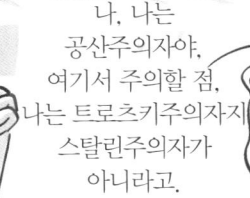

그리고 아, 저는 상황주의자예요.

그런데 그건 대체 정확히 뭔가요?

으음… 그게 잘은 모르겠지만 느낌이 좋잖아요. 술 한 잔 하면서 최근 나온 푸코 책 얘기라도 할까요?

선거를 통해서 선거를 위해서만 굴러가는 낡은 SFIO는 그들에게 고대의 유물처럼 여겨졌습니다. 그리고 **프랑스 공산당**은 소련을 옹호하면서 돌이킬 수 없이 신뢰를 잃었잖아요… 그래도 어떤 사람은 고아처럼 느꼈고 열정을 불태울 새로운 모델이 필요했어요.

푸하하! 스탈린, 신, 카이사르 황제, 호민관 다 역겨워!

그러면 당신은 무엇을 따르나요?

나는 마오를 따르지. 농촌에서 혁명을 시작해서 민중의 코뮌을 만들었고 문화혁명을 일으켰고. 진짜 멋있어.

그런데 **마오**는 몇 천만 명의 죽음에 책임이 있죠. 참, 더 낭만적인 모델도 있어요. 정의와 혁명을 위해 무기를 손에 들고 순교한 혁명 전사요.

1967년에 일찍 죽어서 다행이지. 내가 피델 카스트로처럼 오래 살았으면 이런 인기는 못 얻었겠지.

★ 68년 5월 운동의 구호 중 하나였다. 바리케이드를 설치하기 위해 포석을 치우자 그 밑에 모래들이 나타나 붙은 말이라고 한다. 68년 5월 운동에 영향을 준 초현실주의가 반영된 구호로 레오 페리의 노래 제목으로 쓰이기도 했다.

좌파 연맹의 전략은 효과가 있었습니다. **1974년 지스카르가 미테랑을** 상대로 머리카락 한 올만큼의 차이로 당선됩니다. (49.2%)

하지만 1965년부터 두 좌파 사이의 접촉을 주도했던 장본인, **프랑스 공산당**이 의심하기 시작합니다.

내가 이해하지 못하는 무엇인가가 있어요. 선거를 치를 때마다 사회당은 계속 승승장구하는데 우리는 정체됐지요.

공산당은 아직 위기는 아니지만 새로운 프랑스 사회 속 투표자들을 사로잡지 못한다는 건 알고 있었지요.

젊은이들도 적고, 여성도 적고, 중간 직종 종사자도 적어요. 노동자의 성채가 되었다는 점은 멋지긴 하지만 3차 산업을 중심으로 하는 사회가 되어가고 공업 종사자가 줄어드는 이 시기에 우리는 표 싸움에서 지고 있어요.

새로운 사회운동이 사회를 재구성하고 있고… 프랑스 공산당은 거기서 별 소득을 얻지 못하고 있었습니다. **페미니즘 운동**이 그 시작이지요.

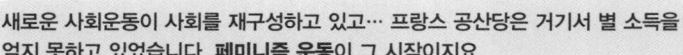

오랫동안 높은 출산율을 지지했던 프랑스 공산당은 낙태할 권리 주장에 동조하지만, 아주 최근의 결정이었죠.

생태주의자들과 다른 반성장주의자들, 히피와 비트닉 역시 프랑스 공산당의 생산주의적인 사상에서 한참 멀리 있었지요.

소비사회를 반대한다!

느…림을 사알…아 가자.

그리고 자유로운 사랑!

우리는 인생에서 승리하기 위해 무언가를 포기하는 것을 원하지 않는다!

핵, 노 땡큐!

EDF는 프랑스의 중요한 전력기업입니다. 잊지 마세요. 빈대 잡다가 초가삼간까지 태우면 안 됩니다.

생태주의 운동은 1974년 르네 뒤몽이라는 제3세계 농학자가 대통령 선거에 출마하면서 이름을 알리게 됩니다.

자동차는 냄새도 나고 공해를 만들고 멍청해 보이게 하죠.

장 이브, 다음을 위해서 알려줄게. 나는 자전거 그리는 게 진짜 싫어.

알았어, 마르코.

그는 이 선거전 광고로 프랑스인들을 놀라게 합니다.

"저는 당신들 앞에서 이 귀한 한 잔의 물을 마십니다, 언젠가 이 물이 부족해질 것입니다."

텔레비전으로선 놀라운 고요한 장면이었죠.

그는 1.32%의 득표율에 그쳤고 미친 놈 취급을 받았습니다. 대재앙에 관해 떠들어 사람들을 겁줬지요. 하지만 그는 프랑스에 **생태주의 정치**를 정착시켰습니다.

"대지가 오염됐고 물이 오염됐고 공기가 오염됐고 지구가 다 오염됐는데, 미래에는 무엇을 먹고 살게 될까요?"

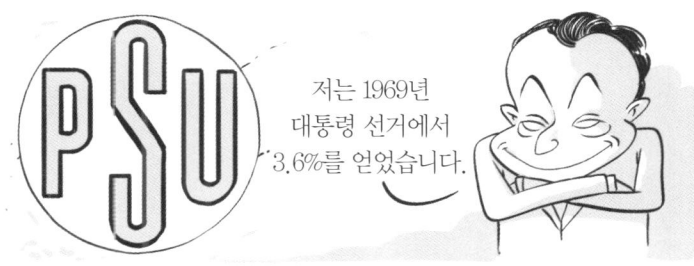

공산당의 '전체주의적 사회주의'와 SFIO의 부르주아 사회주의를 배척하는 '제2좌파'가 60년대에 나타납니다. 제2좌파는 마르크스주의, 트로츠키주의, 사회적 기독교, 사회단체, 프랑스 학생연합(UNEF)이나 프랑스민주노동연맹(CFDT)을 모두 아울러서 미셸 로카르의 **통합사회당(PSU)**를 만들었어요.

"저는 1969년 대통령 선거에서 3.6%를 얻었습니다."

1964년 프랑스 기독노동자총연맹(CFTC)에서 분리한 프랑스 민주노동연맹(CFDT)는 마르크스주의 사상에 머물지 않고 새로운 투쟁 형태를 만들려는 제2좌파의 전형을 보여줍니다.

1973년에서 1974년까지 벌어진 립(LIP) 사태는 CFDT로 하여금 자신들의 사상을 실천에 옮기는 기회가 되었습니다.

"우리가 지향하는 바는 국유화가 아니라 노동자의 자주적인 관리입니다."

"소유주가 공장을 닫으려 했고 그래서 우리는 소유주로부터 공장을 수용해서 우리끼리 시계를 생산하고 판매하기로 결정했습니다. 우리가 주인이 되어서요."

그들이 만들고 그들이 팔고 그들이 번다

"'그들이'? LIP에 남자만 있는 것은 아니니까 '그녀들이'라고도 써주세요!" "아직 때가 아닙니다!"

마지막으로 극좌파 트로츠키주의자들이 급부상했습니다. 1968년 5월의 유산 중 하나였지요.

"저는 알랭 크리빈이라고 합니다. 대통령 선거 최초의 트로츠키주의자 후보이고 1969년 1%의 득표를 얻었어요."

2007	1,3 %
2002	5,7 %
1995	5,3 %
1988	2 %
1981	2,3 %
1974	2,3 %

"저는 아를레트 라기예입니다. 저는 역사상 두 번째 트로츠키주의자 후보이지만 무엇보다 대통령 선거 최초의 여성 후보이지요. 여성 후보 중에서 선거에 가장 많이 참여한 기록을 가지고 있지요."

이 새로운 사회적·정치적·노동 운동은 프랑스 공산당을 무시했습니다. 반면에 사회당은 조금 더 쉽게 그들을 끌어들일 수 있었지요. 프랑스 공산당도 개혁을 위한 노력을 했지만 사실 무엇을 해야 하는지도 잘 모르고 있었어요.

"저는 한편으로는 친소련 입장을 계속 고수했어요. 그러다 보니 스탈린 시대의 공룡으로 여겨졌지요."

"감히 나를 비판한 이단자 샤를 티용 축출."

"동구권 국가들에 대한 전반적인 평가는 긍정적이지요. 1979년 소련이 아프가니스탄을 침공했을 때 이의를 제기하지 않았어요."

"솔제니친의 '수용소군도'를 거짓말투성이라고 단죄했죠."

"그래도 저는 당의 사상을 혁신하고 현 시대에 맞추려고 노력했지요."

"1976년 프롤레타리아 독재 원칙 포기"

"그 결과, 저는 여전히 사상으로만 보면 사회당에 가까운데… 그들은 자기 이론을 확실히 하려 하지 않았어요."

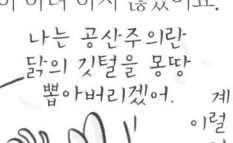

"나는 공산주의란 닭의 깃털을 몽땅 뽑아버리겠어." "계속 이럴 수는 없어!"

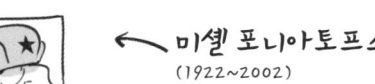

그렇기는 하지만 이 두 번째 임기로 좌파의 사상적 갈등의 골이 깊어집니다.

우리는 자유주의를 지지하고 최소한의 규제와 유럽 건설을 원합니다.

우리도 그래요.

우파
온건파

소련의 해체는 자본가들에게 사회주의에 대한 두려움을 제거했습니다. 혼합 경제는 더 이상 필요하지 않습니다. 신자유주의가 조금씩 전진합니다.

우리가 이겼어! 우리가 이겼어!

신자유주의

드르륵

좌파의 유권자들은 불만을 쏟아냅니다. 우파와 좌파 사이에 무슨 차이가 있나요? 최초의 여성 정부 수장이 된 **에디트 크레송**과 베레고부아의 불굴의 의지에도 불구하고 사회당은 정체되고 별 생각이 없는 조직처럼 보였지요.

에디트 크레송
1991년~1992년 동안 여총리

그것은 사실이 아닙니다. 물가 인상은 계속 되고 있고 3%의 재정 적자가…

피에르 베레고부아
1992년~1993년 동안 총리

이봐 로랑, 우린 민심을 잃은 거 같아.

1993년 우파의 승리는 거대했습니다. 우파는 승리를 이용해 자신들에게 이득이 되는 용어를 활용하기 시작합니다.

우리는 개혁 정당입니다.

자신들이 얻은 기득권을 지키려는 정치와 노동조합의 보수주의에 맞서는 개혁 정당이지요.

개혁이라는 말은 어쨌든 좌파에 속하는 것이었습니다. 역사적으로 개혁은 사회주의에 도달하기 위한 방식 중에서 혁명에 대립하는 것이었지요. 우파는 더 고통스러운 현실, 즉 사회적 권리의 붕괴라는 현실을 감추기 위해 모든 일에 '개혁'이라는 말을 집어넣게 됩니다.

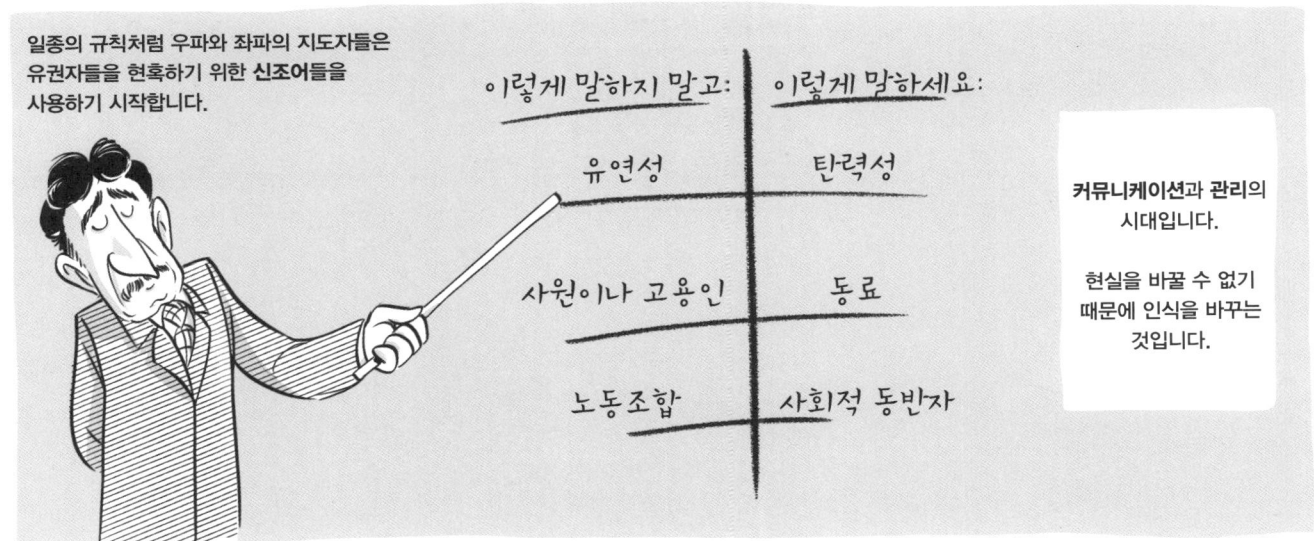
일종의 규칙처럼 우파와 좌파의 지도자들은 유권자들을 현혹하기 위한 **신조어**들을 사용하기 시작합니다.

이렇게 말하지 말고:	이렇게 말하세요:
유연성	탄력성
사원이나 고용인	동료
노동조합	사회적 동반자

커뮤니케이션과 관리의 시대입니다.

현실을 바꿀 수 없기 때문에 인식을 바꾸는 것입니다.

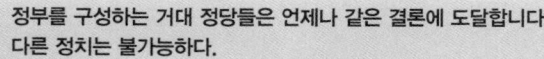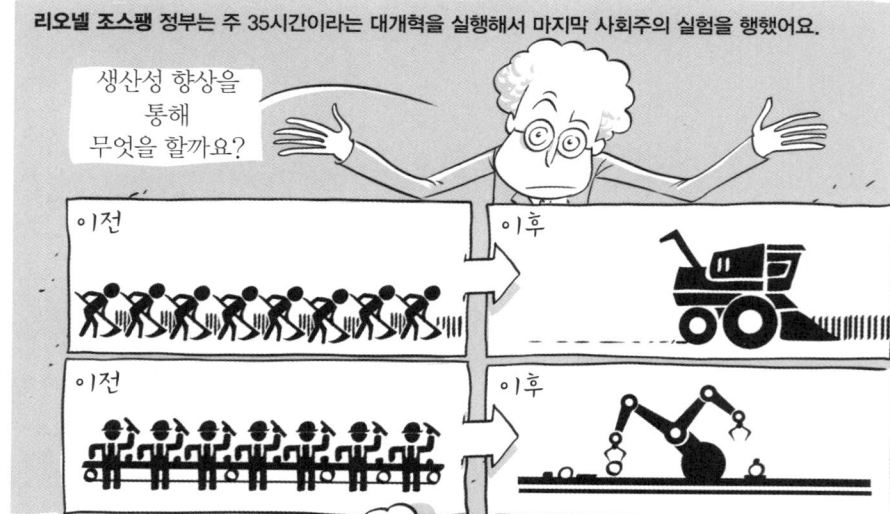

리오넬 조스팽은 운이 좋았어요. 2~3%의 성장을 누렸고 그래서 실업이 감소했고 예산 결산의 균형을 맞출 수 있었지요. 심지어 가끔은 정부 재정이 흑자가 되는 일도 있었죠.

이 많은 돈으로 무엇을 해야 하지?

하지만 1983년 이후 사회당은 모호성을 해결하지 못했어요.

이 당의 목표와 주의는 무엇인가요?

여전히 사회주의인가요 아니면 사회민주주의자라고 말하면 되는 걸까요?

개혁을 통해서 자본주의 사회를 바꾸려는 것일까요 아니면 그저 제어하려는 것일까요?

당 내에서 좌파 진영과 우파 진영 사이의 갈등을 일으키지 않으려고 사회당은 문제 제기를 피합니다. 그리고 조스팽이 자신의 생각을 이야기하면 그의 좌측에서 가혹한 비판을 듣습니다.

우리는 국가의 지원을 요구합니다.

국가가 모든 것을 해줄 순 없어요.

2002년 대통령 선거

저의 정책은 사회주의적인 것이 아닙니다.

사회당은 예전에 마르크스주의를 부정했어요. 하지만 문화적으로 여전히 영향을 받으면서 정신분열증 환자 같은 모습을 보여 왔습니다. 사회당의 역사와 토대, 실천은 전혀 일관성을 갖지 못하고 있어요. 그렇다고 논의를 시작하면 당이 폭파할것이 분명해요.

쉿!

제가 공적인 회합에서 '인터내셔널'을 부른 마지막 사회주의자 대통령 후보라는 것을 알고 계셨나요?

2002년 좌파 후보의 난립은 (8명이 있었는데… 그 중 3명이 트로츠키주의자였어요!) 표의 분산을 가져왔습니다. **리오넬 조스팽**이 16.2%를 득표해 **시라크**와 **장 마리 르펜**에 뒤처지게 되었지요.

저는 정치 인생을 끝내고 은퇴하겠습니다.

2007년 세골렌 루아얄이 자기 고유의 사상을 펼치며 대통령 선거의 결선투표에 참가할 자격을 얻습니다.

용기와 공정한 질서를 위해서!

사르코지가 더 명료했어요.

그냥, 질서를 의해서!

사람들은 **자크 시라크**와 **니콜라 사르코지**, 두 대통령이 각각 5년 임기를 보낼 때 사회당이 야당으로 있으면서 뭔가 새로운 정책을 만들었을 거라고 기대했어요. 2012년 프랑수아 올랑드가 다시 권력을 잡았을 때 사회당이 혁신해서 생기 있는 모습을 보여줄 거라 믿었죠.

저는 정상적인 대통령입니다. 완결된 정책을 가졌죠.

하지만 현실을 직시하면, 사회당은 사회적인 면에서 새로 제안할 것이 없습니다. 그러니 사회문제를 사회관계에 대한 문제로 대체하고(모두를 위한 결혼제도) 윤리적·정치적·자유주의 입장에… 새 대통령이 사회주의적 치장을 덧붙일 뿐이죠.

나의 적은 금융이지요.

사회적 공화국 만세!

그리고 여기 경쟁력 향상을 위한 세액 공제가 있어요. 누구 공적 자금이 필요하신 분?

저는 공공사업을 신뢰하지 않아요. 그러니까 돈을 사기업에 뿌리고 잘 쓰기를 바라겠어요.

그래, 그래, 그걸로 주주들에게 좋은 배당을 줄 수 있겠어.

프랑스 공산당은 참패했고 녹색당은 생태주의에 대한 자각이 있지만 충분히 성장하지 못했고 그리고 사회당은 민중의 신망을 잃었어요… 가장 끔찍한 일은 별로 걱정도 안 한다는 거죠.

까짓것! 상류층과 관료들이 있으면 어떻게든 되겠지. 이빨 없는 서민들은 국민전선에 넘겨주지 뭐.

야당으로 남아 있는 동안에는 갈등을 지연시킬 수 있었지만 권력을 행사하는 입장에서 당은 우파 진영과 좌파 진영으로 분열됩니다.

좌파 진영, 그게 접니다.

우파 진영, 그건 저예요.

브누아 아몽　마뉘엘 발스

5년 동안 줄에 묶여 있다가…

화합할 수 없는 두 개의 좌파가 있어서…

에마뉘엘 마크롱이 순식간에 중도 우파와 중도 좌파의 유권자를 끌어들이면서 폭발을 재촉합니다.

저는 《혁명》이라고 제목을 단 정책 자료를 발간했어요. 이게 농담일까요?

나는 빈털터리야!

우파도 좌파도 중도로 모이면서 전 이쪽도 저쪽도 부셔버릴 수 있었죠. 이제 더 이상 좌파나 우파는 없어요. 제가 그 둘을 뛰어넘었죠.

확실한 증거를 보여드리죠. 제 정책은 좌파적이지 않고… 좌파적이지 않아요.

어쨌든 사회당은 죽었어요. 1969년 SFIO가 죽었던 것처럼. 더 이상 무엇도 제시하고 있지 않잖아요. 2008년 거기서 내가 나온 것은 정말 잘한 일이었죠.

그리고 좌파라니, 대체 그게 대체 무슨 뜻인가요?

장뤽 멜랑숑
불복하는 프랑스

국민전선으로부터 서민층을 끌어들이기 위해서 **장뤽 멜랑숑**은 좌파·우파 대립 구도를 서민·엘리트 대립으로 대체합니다.

그런데 상대 생각을 가져다 쓰는 거 위험하잖아?

좌파는 여기까지 왔습니다. 전쟁터, 부서진 면상, 사상이 없는 정당, 공기처럼 의미 없는 운동들.

미래는 출구가 없습니다.

알겠습니다. 하나의 좌파가 있는 것이 아니라 나뉘어져서 종종 서로가 적대적인 여러 좌파들이 있어요.

부록

토머스 모어

성자일까 아닐까?

토머스 모어는 자기 에세이 《유토피아》에서 휴머니즘 사상을 펼쳤다. 하지만 그가 쓴 다른 저작이나 그가 왕정고문으로 활동하면서 어떤 정치를 선호했는지 고려하지 않고, 대표작 하나에 의존하는 토머스 모어의 전기 작가들을 얼마나 믿을 수 있을까? 그는 강경한 가톨릭 투사로 화형에 찬성했다. 《유토피아》에 쓴 내용과 모순된다. 그는 헨리 8세에 대적해서 논쟁적인 저작을 출간하고 충성 맹세를 거부했다.
그리고 1534년 4월 런던탑의 감옥에 갇혔다. 영국에서 왕이 영국 교회보다 우위임을 인정하지 않았던 것이 반역죄로 인정되었고 1535년 7월 6일 목이 잘렸다. 1935년 그는 양심의 자유를 위해 희생한 첫 번째 순교자로 시성되었다. 그런데 정확히 따져보면, 그의 입장은 종교 문제에 대해서는 개인도 국가도 어떤 결정을 내릴 수 없다는 것이다. 그래서 자신은 '자신의 양심을 전체 기독교 공의회가 아니라 고작 영국이라는 한 왕국의 공의회에 맡길' 수 없다고 주장했던 것이다. 개인의 양심을 선택했다고 말하기 어렵다. 그래도 역사는 자신의 사상을 위해 자기 목숨을 희생한 인간이라는 잘 알려진 신화를 선호한다.

볼테르와 맞선 장 자크 루소

그런데 두 철학자는 왜 서로 싸우게 된 걸까?

장자크 루소가 《인간 불평등 기원론》을 써서 볼테르에게 보냈을 때, 볼테르는 이런 답장을 보냈다. "누구도 이렇게 공을 들여 우리 인간을 짐승으로 만들려고 노력한 적이 없습니다. 당신 책을 읽으면 네 발로 기어 다니고 싶은 욕망에 휩싸입니다…" 두 사람 사이의 불화는 리스본 지진으로 분명해진다. 볼테르는 지진이 신이 벌인 일이라고 보았고, 루소는 지진에서 인간이 한 짓을 보았다. 주파수가 맞지 않았다. 진짜…

생쥐스트
공포정치를 펼친 대천사의 침묵

프랑스 대혁명이 일어났을 때 그는 고작 스물두 살이었지만 로베스피에르의 측근으로 공포정치에 참여했다. 그의 생각은 과격한 문장 몇 마디로 알 수 있다. 그가 루이 16세의 재판에서 한 말을 들어보자. "나는 판결하지 않는다. 그저 죽일 뿐이다." 이런 말도 남겼다. "모든 혁명에는 국가를 힘으로 지킬 독재자가 필요하고 국가를 순수하게 지킬 검열관이 필요하다." 그러니까 "국가는 시체 더미 위에서만 다시 탄생한다'고 믿었던 것이다. 로베스피에르가 몰락하자 그도 몰락했다. 그는 스물여섯이란 나이로 테르미도르의 10일 저녁 여섯 시에 기요틴에서 처형당했다.

트리코퇴즈와 상퀼로트
공포정치는 연약한 여성의 놀이터?

하층민 출신 혁명가를 뜻하는 '상퀼로트'란 표현은 우리의 집단적인 상상력에 큰 인상을 남겼는데 여성만을 지칭하는 다른 표현이 있다. 그녀들은 뜨개질을 하면서 의회 토론에 아주 열정적으로 참여했다. 그래서 뜨개질하는 여인들이란 뜻의 '트리코퇴즈'라는 별명을 얻었다. 공개처형에도 참석해서 사형수들에게 아주 심한 욕설과 조롱을 퍼부었다고도 한다. 그래서 이 여성들을 '광란의 여인들' 또는 '기요틴의 푸리아이'라고도 불렀다. 이 시기 폭력은 절대 남성의 전유물이 아니었던 것이다.

올랭프 드 구주

민중의 소리

1791년 《여성과 여성 시민의 권리 선언》을 쓴 올랭프 드 구주는 팡테옹에 묻힐 뻔했다. 2013년 이루어진 여론조사에서 인터넷 사용자들이 그녀를 열렬히 지지했기 때문이다. 하지만 공화국 대통령이 최종권한을 가지는 영역이기 때문에 그런 일이 실제 벌어지지는 않았다. 프랑스 하원이 의회 건물 안 '네 기둥의 홀'에 그녀 흉상을 놓는 것으로 타협을 보았다. 하원은 '민중 대표 회의'니까 하원 건물은 '민중의 집'이라고 할 수 있고, 그러면 올랭프 드 구주는 '집'이란 여성의 자리를 제대로 찾은 것일까?

폴 라파르그

게으를 권리에서 영원한 휴식으로

정말 놀라운 인생역정이다. 프루동과 마르크의 영향을 받은 폴 라파르그는 1868년 마르크스의 딸 로라와 결혼했고 1880년 노동자당을 창설하고 기관지 《사회주의자》(1885~1905)를 발행했다. 1880년 《게으를 권리》라는 소책자도 발표했다. 그러다 그가 자기 부인과 자살을 결심했을 때 그는 예순 아홉 살이었다. 그는 자기 선택을 설명하는 몇 마디 말을 남겼다. "나는 몸과 마음이 온전한 상태에서, 무자비한 노화가 존재의 즐거움과 기쁨을 하나하나 빼앗아가기 전에, 내 육체적이고 정신적인 역량을 파괴하기 전에, 내 힘을 마비시키고 내 의지를 깨기 전에, 내 자신과 다른 이들에게 고작 짐으로 남기 전에 자살한다." 이 부부는 페르 라셰즈 묘지, '연방원들의 벽' 앞에서 깊은 휴식에 들었다.

라스파유

대로

프랑수아 뱅상 라스파유는 화학자이면서 식물학자였고 정치가로 1848년 혁명에도 참여했다. 그걸로 부족했던지 파리에서 가장 긴 대로에 자기 이름을 남기기도 했다. 이 대로는 일곱 개의 지하철역을 지나가고 파리 세 개 구에 펼쳐져 있다. 그의 이름이 붙기 전에는 '지옥대로'라고 불렸다. 2020년 6월 프랑수아 뱅상의 대로는 어처구니없게도 '장'으로 뒤바뀌게 된다. 별로 좌파라고 할 수도 없는 작가 '장 라스파유' 말이다. 불쌍한 프랑수아 뱅상… 파리시장이 당장 '장 라스파유'라는 이름의 표지판을 제거하고 원래의 고귀한 이름 글자들을 되돌려 놓았다.

오귀스트 콩트

최초의 트랜스 휴머니즘?

철학자이자 언론가인 로제 폴 드루아는 2018년 철학자들의 정신건강에 대해 심각한 의문을 제기하는 글을 발표했다. "철학자들은 (가끔) 미쳤다." 그 글에서 오귀스트 콩트가 정신병동을 나온 다음 자연이 트랜스휴먼으로 진화한다는 생각을 했다고 알려준다. 그때 콩트는 정신병원에서 '치료되지 않았다'고 판정을 받았다. 콩트는 트랜스 휴먼을 만들기 위해 채식동물을 육식으로 변화시키는 방법을 제안한다. 육식만큼 이 동물들을 인간에게 가깝게 만드는 방법은 없다고 믿었다. 콩트의 생각은 그래서 소들에게 스테이크를 먹이자는 것이다! 이런 '현명한' 충고 외에도 그는 '인류의 출산을 체계화하기 위해서 인류를 오직 여성으로만 구성하는' 것을 검토한다. 이걸 여성해방운동의 시초라고 해야 할까?

라마르틴

대통령을 여자가 한다고?

알퐁스 드 라마르틴은 대단한 시인이자 작가인 데다가 1848년 2월 혁명 이후 임시정부의 수장으로 있었다. 그런데 1848년 대통령 선거에 출마했을 때 겨우 0.28%의 표를 얻었다! 프랑스인 대다수는 글을 읽을 줄 모르는 농부와 노동자였고 '라 마르틴 la Martine'이 여자라고 생각해서 투표하지 않았다.

*프랑스어에서 'la'는 여성형을 표시하는 정관사다.

샤를 푸리에

팔랑스테르와 여성

마르크스와 엥겔스에게 비판적·유토피아적 사회주의자라고 평가된 샤를 푸리에는 평생 팔랑스테르를 건설하기를 꿈꿨다. 1808년의 글에서 벌써 평등한 공동체 사회에 대해 고민하고 있었다. 그는 1832년 《팔랑스테르》를 출간한 지지자들의 후원을 받았다. 샤를 푸리에의 교리에 따르면 개인의 행복을 얻기 위해 우선 400에서 500 가정을 수용하는 여러 건물을 짓는다. 그러면 여기서 여성의 역할은 무엇일까? 샤를 푸리에에 따르면, 여성이 이 공동체의 보편성과 결속을 보장하는 미래의 열쇠이다. 하모니의 성공은 여성 해방에 달려있다. 그래서 그는 《네 개의 운동이론》에 이렇게 썼다. "사회적 진보와 시대의 변화는 여성이 자유롭게 진보하는 것과 비례한다. 사회의 퇴보 역시 여성의 자유가 퇴보하는 것에 비례한다." 19세기에 벌써 "하모니는 지금처럼 여성을 재봉과 요리에만 묶어두고 의료나 교육에서 배제하는 어리석은 짓을 하지 않을 것이'라니 기적 같은 일이다. 그는 이해가 빠른 사람이었다.

아돌프 크레미외

시행령을 위한 긴 싸움

아돌프 크레미외는 1796년 태어나 변호사이자 정치인으로 활동했다. 1870년 그의 이름을 딴 시행령이 공표되었는데 스당이 함락된 지 몇 주 뒤였다는 이유로 비난받기도 했다. 크레미외는 이 시행령이 공표되었다가 폐지되기를 반복하는 동안 숱한 비난에 시달렸다. 1830년 이후에 알제리는 알제, 오랑, 콩스탕틴 세 행정구역을 가진 프랑스 영토가 되었다. 알제리에 거주하는 유대인은 '딤미'라고 규정되어 차별받았다. 크레미외 시행령은 이 유대인들에게 프랑스 시민권을 부여하는 명령이었다. 1870년 공표되었지만 다음 해 랑브레슈트 수정안으로 알제리 출신이 아닌 유대인을 제외하는 구절이 삽입되었다. 그리고 1940년 유대인 차별 정책을 펼친 비시 정권에 의해 시행령이 폐지된다. 마침내 1943년 알제리에서 레지스탕스 활동을 하던 프랑스 국민해방위원회에 의해 시행령이 복원되었다. 참 오래도 끌었다.

코뮈나르

이상을 위해 죽다

샤를 들레클뤼즈와 외젠 바를랭은 코뮌을 대표하는 인물이다. 이 두 사람의 삶은 죽음에 이르기까지 서로 닮아 있다. 첫 번째 인물, 샤를 들레클뤼즈는 바리케이드 위에서 목숨을 바쳤고 두 번째 외젠 바를랭은 '피의 일주일' 동안에 베르사유 군에게 총살당했다. 들레클뤼즈는 정치적 반대파란 이유로 여러 번 감옥살이를 했고 악마의 섬에 수감된 적도 있었다. 그는 일찍부터 노동자의 삶에 관심을 가졌다. 결국 샤토도 바리케이드에서 죽는다. 외젠 바를랭은 제본공으로 사회주의자, 자유주의자 활동가였고 제1인터내셔널에 참여하기도 했다. 파리코뮌 동안 기근이 창궐하자 그는 배고픈 사람들이 음식을 먹을 수 있도록 조치했다. ('바를랭의 수프') 그를 기리는 기념비에는 이렇게 적혀 있다. "퐁텐오루아 거리, 파리코뮌의 마지막 바리케이드에서 지도부인 외젠 바를랭, 테오필 페레, 장 바티스트 클레망이 최후까지 저항했다. 바리케이드는 이후 '피의 일주일'이라고 불리게 되는, 1871년 5월 28일 정오경에 무너졌다." 120년 후에 사회당과 당 서기장 피에르 모루아가 세상을 바꾸려고 싸웠던 이 파리 시민들을 기리고 '체리의 시간' 동안 총살당한 3만 명을 애도했다. 파리코뮌 당시의 체제는 코뮌에서 벌어진 범죄를 속죄한다며 '흉하기만 한' 사크레쾨르 성당을 건설했다. 들레클뤼즈나 바를랭에게는 무덤에서 벌떡 일어날 일이다.

귀스타브 쿠르베

방돔 기둥의 철거, 악의적인 재판?

방돔 기둥은 나폴레옹 1세가 아우스터리츠 승리를 기념하기 위해 세운 것이다. 화가인 귀스타브 쿠르베는 1981년 파리코뮌 기간 동안에 그 기둥을 파괴했다는 이유로 고발당했고 6개월의 징역형과 벌금 500프랑, 덧붙여 323,091프랑 68상팀으로 추정되는 재건 비용을 지불하라고 선고받았다. 하지만 진짜 그의 책임이었을까? 뤼시앙 데카브가 화가를 옹호하는 증언을 남겼다. 정적들이 쿠르베를 괴롭히려고 기둥을 해체하겠다고 맹세한 것을 부풀려서 문제로 만들었다는 것이다. 쿠르베가 프랑스군의 영광을 상징하는 방돔 기둥을 해체하겠다고 맹세한 것은 사실이다. 1870년 9월 이후의 일이었다. 하지만 그런 생각을 표현한 사람은 크르베 혼자가 아니다. 오귀스트 콩트가 이미 1848년 기념탑을 무너트리자고 제안했고 6구 자치단체도 기둥에 사용된 청동을 국방을 위해 재활용하려 했었다. 그런데 유독 쿠르베만 '철거자'라고 불리며 기둥을 뽑기로 결정한 사람이 되었다. 사실 실제 시행령은 쿠르베가 아니라 의사인 세므리를 포함해 다른 사람들이 작성했다. 막상 5월 16일 기둥이 무너지던 시점. 쿠르베는 자신이 낙하의 충격을 상쇄하기 위해 짚더미를 흩어놓는 일 때문에 바빴다고 주장한다. 뤼시앙 데카브의 증언을 더 들어보자. 쿠르베는 '재무부의 청구재판으로 모든 자산을 압류당하고, 겨우 만 2천 프랑을 건진 경매결과에 절망했다. 자신의 마을에서도, 살롱에서도 쫓겨났다. 그를 살롱에서 쫓아낸 메소니에는 쿠르베가 보낸 우편물은 열어보지도 않겠다고 공언했고, 알렉상드르 뒤마 피스는 〈최근 사건에 대한 공개서한〉으로 악랄한 비난을 퍼부었다. 쿠르베는 결국 스위스에 망명을 신청하기로 한다. 1873년 7월 그는 라투르드펠즈에 자리 잡았다. 1877년 12월 31일 그는 폭음으로 악화된 간의 질병으로 사망했다." 쿠르베는 방돔 기둥에 대해 이렇게 말한 적이 있었다. "여러분은 그 기둥이 떨어지며 나를 짓누르는 걸 보게 될 겁니다." 그는 정확하게 보았다. 스위스 망명 기간 동안 얼마나 자주 이 말이 기억났을까…

루이즈 미셸

붉은 처녀

사람들은 코뮌의 뮤즈, 루이즈 미셸에게 여러 별명을 붙였다. '붉은 처녀', '방화녀', '바리케이드의 병사'… 그녀는 처음엔 신비주의에 심취해 있었지만 곧 선생님이 되어서 자유 학교를 열었다. 그녀는 특히 사회적 불평등에 분노했다. 그녀는 평생을 미혼으로 지냈고 시를 썼으며 빅토르 위고와 서신을 통해 친교를 나눴다. 편하다는 이유로 남장하기를 즐겼고 자기 글을 루이 미셸이라는 남자 이름으로 서명하기도 했다. 1871년 파리코뮌 기간에 티에리를 암살하는 계획을 세우기도 했는데, 동지들의 만류로 포기한다. 1871년 1월부터 그녀는 머리를 자르고 민병대의 군복을 입었다. 자신의 회고록에 이렇게 고백한다. "네, 저는 야만적이게도 대포와 화약 냄새와 허공을 나르는 기관총탄을 좋아합니다. 하지만 무엇보다 저는 혁명에 빠져 있습니다." 코뮌이 무너지고 그녀는 뉴칼레도니아에 유배된다. 1880년 프랑스로 돌아온 그녀는 투쟁을 이어간다. 빅토르 위고가 그녀에게 바친 시는 이 전설적인 여인의 모습을 한 눈에 그려놓고 있다. "모든 비인간적인 것을 향한 너의 증오에 찬 긴 시선 / 너의 두 손이 아이들의 발을 데울 때 / 우리들은, 여인이여, 너의 야성적인 위엄 앞에서 / 네 입술의 씁쓸한 주름에도 불구하고, 볼 수 있었다 / 너에게 달려들어 저주를 퍼붓는 이들에도 불구하고 / 무법천지의 온갖 악다구니를 던지는 이들 / 너를 위험에 빠트리는 너의 치명적인 높은 목소리에도 불구하고 / 메두사 속에 천사가 반짝이며 나타나는 것을 보았다" 참 아름다운 찬사다!

에밀 졸라

누가 졸라를 죽였는가?

1902년 에밀 졸라가 죽었을 때 사람들은 너무 성급하게 사고사로 결론 내렸다. 굴뚝 청소가 잘 안 되어 있던 것이 원인이라고 했다. 겨우 살아남은 에밀 졸라의 부인 알렉상드린은 소란을 원하지 않았기 때문에 공식적인 해명을 받아들였다. 한참 뒤 1953년이 되어서야 한 기자가 피에르 아캥의 폭로 기사로 수사 결과에 의문을 제기한다. 피에르 아캥은 자기 친구 중 하나가 1928년 죽어가며 자신이 졸라의 살인범임을 고백했다고 증언했다. 작가가 살던 집 근처 작업장에서 일하던 범인은 직업을 이용해 눈에 띄지 않게 졸라 집의 굴뚝을 막아두었고 다음날 굴뚝을 다시 열어 범죄의 흔적을 지울 수 있었다고 한다. 졸라의 죽음에 의문을 제시한 두 사람이 더 있다. 오웬 모르강과 알랭 파제다. 그들은 졸라의 진짜 암살범으로 추정되는 앙리 뷔롱포스라는 인물을 조사해 상세한 묘사를 남겼다. 그는 정치적인 이유로 움직였을 것이다. 데룰레드를 지지하는 극우파 조직의 행동 대원이었다. 그리고 친한 친구에게 졸라를 암살하겠다는 의도를 털어놨을 것이다. 드레퓌스 사건은 많은 폭력을 불러왔다. 졸라의 집에 폭탄이 놓인 적도 있었다. 졸라는 진실을 폭로하려 했다는 이유로 가장 큰 희생을 치러야 했다. 그리고 드레퓌스 대위는, 가장 충실한 옹호자 중 하나였던 졸라가 사라진 후 다시 4년이 지나서, 1906년이 되어서야 복권되었다.

조르주 클레망소

골치아픈 남편

클레망소는 장관 저격수, 또 '호랑이'라고도 불렸는데 그의 발톱 공격이 그만큼 위험하기 때문이다. 이 남자는 사생활에서도 부드러운 구석이 없었다. 자신은 여러 애인을 두었지만 자기와 세 아이를 낳은 프랑스에 귀화한 자신의 미국인 부인이 바람을 피우는 것은 용서할 수 없었다. 사실 그 시대에는 불륜이란 부인에게만 해당하는 죄이고 남편에게는 적용되지 않기는 했다. 그래서 클레망소는 부인을 생라자르 여자감옥에 수감한 상태에서 이혼을 한 다음 아이 양육권은 자신이 갖고 부인에겐 삼등 객실표만 쥐여서 미국으로 돌려보냈다. 사랑에서도 정치에서도 클레망소를 조심하자.

장 조레스

피해자가 틀렸다면

1914년 7월 31일 사회주의 연설가 장 조레스가 암살되자 국가주의자들은 환호했다. 미라보마르텔 백작 부인은 흥분에 차서 치하했다. "진짜 훌륭한 일을 해내셨어요." 암살범 라울 발랭은 정신 상태가 의심스러울 정도로 광신도였고 '의무를 마쳤다는 강렬한 안도감'을 느꼈다고 한다. "난 배신자를 처단해야 한다고, 그런 일이라면 목숨을 걸어도 좋다고 생각했어요." 조레스가 무슨 배신을 했다는 말인가? 전쟁을 막으려는 것이 배신이라는 뜻이다. 알자스 로렌 지방을 되찾는데 인생을 걸었던 광신도 발랭은 전쟁 기간을 편하게 감옥에서 보냈다. 하지만 조레스의 아들은 참호에서 죽었다. 1919년 재판에서 라울 발랭은 무죄 방면되고 심지어 조레스의 미망인에게 재판비용이 청구되었다. 전쟁은 이미 벌어졌고 프랑스는 승리했다. 그러니까 카르모 의원 조레스가 평화를 위해 싸웠던 일은 당연히 잘못된 일이 아닌가? 그렇다고 해도 이 판결은 우파조차 경악하게 했다. 장 조레스는 어쨌든 암살당했다! 1924년 좌파는 조레스를 팡테옹에 안치하면서 앙갚음을 한다.

레옹 블룸

소설인가 정치인가?

레옹 블룸은 정치에 뛰어들기 전에 고등사범학교를 졸업한 젊은 멋쟁이, 이름 있는 문학 비평가였다. 파리의 지식인과 교류하고 예술가들을 벗 삼던 그는 소설에서 자기 사상을 드러내는 일에는 신중했다. 하지만 허구보다 이론이 중요하다. 《결혼》(1907)이란 작품에서 자유로운 결혼을 권하고 기존 도덕과 규범에 도전한다. 왜 그렇게 불행한 가정이 많은 것인가? 왜냐하면 약혼자들이 서로를 모르기 때문이다. 먼저 동거를 하며 함께 살아본다면 인생의 반려가 될 남자나 여자인지 확인할 수 있을 것이고 그런 다음 결혼을 하면 좋을 것이다. 블룸은 외설이라는 이유로 처음으로 우파로부터 악의적인 공격을 받는다. 그리고 그 후로도 계속 우파의 공격을 받게 된다.

앙브루아즈 크루아자

행복한 날은 언제 올까

13살에 공장에서 일을 시작한 이 제련공을 아는 사람? 앙브루아즈 크루아자는 CGT 조합원으로 1936년 공산당 하원의원이 되고 샤를 드골 임시정부 하에서 노동부 장관으로 임명된다. 그리고 이 사람이 바로 프랑스인 모두의 압도적인 지지를 받는 한 제도, 즉 사회보장제도의 발기인이다. 레지스탕스 전국평의회 정책에서 시작된 이 사회보험 체계는 모두에게 보편적이고 동일한 권리를 부여하며 복지국가의 기초를 세웠다. '노동자들의 장관'이라는 별명을 얻었던 크루아자는 1951년 50세가 되던 해 폐암으로 세상을 떠났다. "인간이 더 이상 궁핍을 걱정하지 않고 고통과 내일에 대한 걱정에서 벗어나"기를 원했던 크루아자의 시신이 페르 라셰즈 묘지까지 가는 동안 수십만 명의 시민들이 그를 따랐다.

피에르 망데스 프랑스

우유는 평생 우리의 친구죠!

1954년 초등학교를 다녔다면 아직 기억을 할 것이다. 1954년 총리가 되고 피에르 망데스 프랑스는 초등학생들에게 매일 우유 한 잔을 나누어주는 제도를 도입한다. 낙농업을 후원하고 영양실조와 싸우고 당시 프랑스를 갉아먹던 알코올 중독에 맞서는 것이 목적이었다. 1956년까지 아이들은 급식소에서 가벼운 와인이나 과실주 아니면 맥주 반 리터를 마실 수 있었다! 그는 이 규칙을 (적어도 14세 미만에게는) 폐지했고 건강한 음료를 홍보하기 위해 직접 이런 구호를 내세웠다. "공부도 잘하고, 튼튼하고 강하고 건강해지려면 우유를 마셔요!" 심지어 미국에서 열린 회담 중에 우유 한 잔을 가져오게 해서 스스로 모범을 보이기도 했다. 로트의 제지업자인 피에르 푸자드는 분노했다. "당신 핏줄에 골루아의 피가 한 방울이라도 흐른다면 국제 연회에서 우유를 마시는 짓은 벌이지 않을 거요." 푸자드주의는 피에르 망데스 프랑스의 우유 한 잔을 비난하면서 시작되었다.

가스통 드페르

마지막 결투

가스통 드페르는 1953년에서 1986년까지 마르세유 시장을 계속했고, 31년 동안 하원의원이었고, 1969년에는 대통령 선거의 참패한 후보였으며 수차례 장관직을 맡았다. 그리고 마지막으로 결투를 한 프랑스 정치인이었다. 1967년 4월 21일의 일이다. 승부는 에페 검으로 이루어졌다. 드페르는 그 며칠 전 드골주의자 르네 리비에르 의원과 말다툼을 벌이다. '입 닥쳐, 이 깡패 자식아'라고 외쳤다. 리비에르가 사과를 요구했지만 드페르는 거부했고 결국 서로 결투를 신청했다. 마르세유 시장 드페르가 더 경험이 많아 상대에게 두 번에 걸쳐 부상을 입혔고 그때 결투가 중단되었다. 그 전에도 좌파의 여러 인물들이 결투를 벌였었다. 클레망소, 블룸, 카이요, 그리고 조레스마저! 명예가 법에 대한 존중보다 중요하던 시절이다.

프랑수아 미테랑

위엄 있는 대통령

《카나르 앙셰네》(프랑스의 정치풍자 주간신문)가 드골을 루이 14세처럼 묘사했었지만, 프랑수아 미테랑이야말로 당선되던 날부터 공화국 왕정이란 틀 속에 자연스레 녹아들었다. 미테랑은 사회주의자이고 게다가 《영구적 쿠데타》(1964)에서 제5공화국 체제를 비판하기도 했으니 좌파는 그가 드골 장군이 세운 제도 일반, 그 형식이나 정신으로부터 확실한 단절을 보여줄 것이라고 기대했다. 1981년 5월 10일 당선되자마자 그를 알고 지내던 당의 활동가가 물었다. "그러니까 대통령 동지, 계속 말을 놓아도 되는 거겠지, 안 그런가?" 미테랑은 그에게 차갑게 대꾸했다. "원하신다면 그렇게 하시죠, 선생님" 그는 이제 공화국의 대통령이었고 대통령에게는 말을 놓지 않는 법이다!

리오넬 조스팽

잠입이 성공하면

리오넬 조스팽은 1960년대와 1970년대 정치에 뛰어든 많은 젊은이들처럼 트로츠키주의를 받아들였다. 더 정확하게는 국제공산주의조직 OCI의 일원으로, 랑베르라고 불리던 피에르 부셀의 조직에 속해 있었다. 부셀은 조직원들에게 '잠입' 전력을 권했다. '잠입' 전략이란 정당이나 노동조합에 가입해서 그 안에서 세력을 키우는 전략이다. 그렇게 리오넬 조스팽은 사회당에 가입한다. 그런데 일이 너무나 잘 풀려서 그는 사회민주주의로 전향하고 당 대표가 된다! 다른 여러 사회당 중진 역시 트로츠키주의 출신이다. 장 크리스토프 캉바델리, 줄리앙 드레이, 피에르 모스코비치 또 장 뤽 멜랑숑이 그렇다. 그들은 대부분 완벽하게 사회주의에 적응했다.

만화로 보는
좌파의 역사
모두 좌현으로!

초판 1쇄 인쇄 2022년 3월 24일
초판 1쇄 발행 2022년 3월 31일

글쓴이 장 이브 르 나우르
그린이 마르코
옮긴이 소서영

펴낸이 박세현
펴낸곳 팬덤북스

기획 편집 김상희 윤수진
디자인 이새봄 이지영
마케팅 전창열

주소 (우)14557 경기도 부천시 조마루로 385번길 92 부천테크노밸리유1센터 1110호
전화 070-8821-4312 | **팩스** 02-6008-4318
이메일 fandombooks@naver.com
블로그 http://blog.naver.com/fandombooks
출판등록 2009년 7월 9일(제386-251002009000081호)
ISBN 979-11-6169-195-4　07340

* 이 책은 저작권법에 따라 보호받는 저작물이므로 무단전재와 무단복제를 금지하며,
  이 책 내용의 전부 또는 일부를 이용하려면 반드시 출판사 동의를 받아야 합니다.
* 책값은 뒤표지에 있습니다.
* 잘못된 책은 구입처에서 바꿔드립니다.